兴至集

甘晖 著

陕西师范大学出版总社　西安

图书代号　WX25N0327

图书在版编目(CIP)数据

兴至集 / 甘晖著. — 西安：陕西师范大学出版总社有限公司, 2025. 3. — ISBN 978-7-5695-5269-0

Ⅰ. I227

中国国家版本馆CIP数据核字第20243EU045号

兴至集
XING ZHI JI

甘晖　著

出 版 人	刘东风
责任编辑	邓　微
责任校对	王娟娟
出版发行	陕西师范大学出版总社
	（西安市长安南路199号 邮编710062）
网　　址	http://www.snupg.com
印　　刷	陕西龙山海天艺术印务有限公司
开　　本	889 mm × 1194 mm　1/32
印　　张	9.5
字　　数	175千
版　　次	2025年3月第1版
印　　次	2025年3月第1次印刷
书　　号	ISBN 978-7-5695-5269-0
定　　价	78.00元

读者购书、书店添货或发现印装质量问题，请与本公司营销部联系、调换。
电话：（029）85307864　85303629　传真：（029）85303879

薛保勤

甘晖印象

初闻甘晖,是他在《美文》上发的一篇文章:《我的77年,我的77级》。文章的文字极其朴素、真实、亲切,有经历、有甘苦、有思想,有我们那一代人的无奈、奋斗与沧桑。1978年初,他在甘肃陇南大山里的一所乡村小学当民办教师,收到兰州大学录取通知喜不自禁的情景,我印象尤为深刻。我们都插过队,都是恢复高考的第一届学生,他在兰州大学中文系,我在西北大学中文系。我们又都从事过高校和社会科学研究管理工作,有着相同的经历、相同的人生感受,我便有了与他认识的"欲望"。他从兰州大学党委副书记、副校长调任陕西师范大学党委书记后,我们就有了虽不紧密,却断断续续的联系。

初识甘晖,他平和、温润、平实、亲切;再识甘晖,他睿智、机敏、尽职守责,理论学养、个人修养让人眼热。1982年,他大学毕业留校任教,先后任团委书记、数学力学系党总支副书记、研究生院副院长、"211工程"

办公室主任，到兰州大学党委副书记、副校长，每个岗位都干得风生水起。我知道他书法很好，没想到他忙里偷闲竟然写了这么多诗。

诗言志，诗有情，诗寓理，诗含爱，诗贵诚。他的追求在诗中，他的大爱在诗中，他的多情在诗中，他的睿智以及对社会和人生的思考也在诗中。一个有诗心的人，把生活过成了诗，一个有诗心的管理者，把工作写成了诗。友情中有诗意的提炼，生活中有诗意的观察，名山大川寻访中有诗意的抒怀。读了他的诗，我就有了如下感想：

守望工作，在工作中提炼诗。记得，我们每每一道儿开会，他发言时，手边总放一个小本，不慌不忙，不紧不慢，和风细雨，侃侃而谈，深入浅出，言之入理……有观点、有立场、有思考、有文化……偶尔还有点谐趣……这些工作后来都成了他诗作的素材。凡有重要的工作，凡遇有意义的节点，他都有诗意的"记录"。"节庆愈觉责任重，为国树人奋力行"（《教师节感怀》），这是对岗位责任、职业理想的认知，传道授业解惑洋溢在字里行间。"座上言辞机锋现，心中坦然责任扛"（《高评委评议会有感》）、"伏月酷热但冷静，把正舵盘向未来"（《评估有感》），这是作为评议的组织者对公正的坚守、对良知的坚守。"世事多有不如意，心存正念少彷徨"（《无题》），这是面对纷繁的世界，对守正人生的自勉。

珍惜友情，在交往中发现诗。他重情重义朋友多，中小学的朋友、大学的朋友、工作中的战友，散落在全国各地。朋友们如有机会相聚，难得的相聚就成了诗。"殷殷叮咛千般语，切切谨记一慈心。他日若得会汴梁，对酒当歌月似银"（《人在江湖，友情在心——和老韩》），"踌躇奋发争光彩，铅华褪尽显素颜。他日借取三尺剑，依然凛凛生威寒"（《致保军》），"人生岁久不须炼，持樽仰天放声歌"（《致老成》），"酒香难有情义醇，世间最美同窗情"（《无题》），"推杯换盏笑语喧，最忆当年故事多"（《见中学同学有感》），这些都是他见到朋友时欣喜得难以自制的表现。热诚、真诚、热情、忘情，清纯、青涩、青春，陈年往事、天南地北、对酒当歌、仗剑天下、互敬互勉……成为他诗歌的特征之一，也是他丰满人生的一个侧面。

热爱生活，在生活中汲取诗。他爱故乡，这种爱是融在血液中的。每每说起家乡陇南，他便滔滔不绝如数家珍：秦人故乡、白龙江、哈达铺、腊子口、万象洞、官鹅沟、文县天池、……热爱溢于言表，这种爱在诗里则更深沉。"他乡辗转成故乡，我容砥砺变苍容"（《雨夜有感》），是他乡、故乡和我的跨时空的感念。"数番梦里家乡水，心绪紧随雁阵中"（《秋分吟》）、"欢情难掩思乡梦，年轮新添又一圈"（《乡愁》），是对家乡生生不息的思绪、不尽的牵挂。"遥望阶州旧城山，坟头野草几枯荣"（《庚子清明》），是对亲人无泪的思念。"修身不觉古稀近，悟道依旧读书郎"（《新年感怀》），是对修身的回望。修身是一辈子的事，他虽已近古稀，仍在坚守书生本色，由此我想到了我们常说的教书育人，教书者当先做人！他的诗中亦有天伦之乐，"微风拂面神态异，唯有接孙此心同"（《接孙图》），"听得午时将归京，情态落寞坐凳前"（《敦敦归京时》），爷孙情深，栩栩如在眼前。

寄情山水，在自然中感悟诗。他热爱自然，以山水情怀寄寓家国情怀，在寻山问水中悟道。"风冰凛洌沁心脾，山崩嵯峨叹奇观"（《大暑游翠华山》），感悟大自然的鬼斧神工。"眼看四处热闹场，唯觉此地静可禅"（《游草堂寺》），体悟生命中的"静"。"礼佛终是修心志，透悟方能得相期"（《访摩诃慈恩寺》），反思生命中的"礼佛"与"修志"。"纵览世间正邪事，万般无奈在心头"（《雨中夜登越王楼》），"忠诚只因为黎庶，信仰何惧献身躯"（《谒雨花台烈士陵园》），追寻先贤家国天下的情怀。跟着他的诗，寻着他的足迹，品味着人在景中、景在眼中、道在心中的曼妙与从容。

写诗不是诗人的专利。生命中不缺少诗意，缺的是发现的"眼睛"和感知的灵魂。甘晖的眼中处处都有诗，他用诗记录生活、表达世界、理解人生。他的诗中有对生命的尊重与热爱，有对真诚的守望与呼唤，有对友谊的珍视与呵护，有对家乡的眷恋与不舍，有对丑恶的不屑与唾弃，还有对事业的坚持与守望，有对自然的感恩

与适意……

甘晖把生活过成了一首诗，诗如其人，人成了诗。

甘晖兄的诗集要出版了，可喜可贺！嘱我作序，却之不恭。此为读人、读诗的阅读札记，是为序。

2024年1月9日

（薛保勤先生，著名诗人。曾任陕西省委宣传部常务副部长，时任陕西省新闻工作者协会主席）

悟道依旧读书郎

胡安顺

甘晖先生，甘肃武都人也。毕业于兰州大学中文系，历任兰州大学团委书记、党委副书记、副校长，陕西师范大学党委书记，陕西省社科联主席等要职。幼承庭训，习经学艺，博涉文史，日课刀笔。长而不改其志，于书法、摄影、诗词均有喜好与涉猎。书法主攻行草，取则高古，风格遒劲飘逸，不越雷池。摄影风标落落，捕捉瞬间，务在逼真传神。诗词多以感怀、记事、赠答、写景为题，旨在记录生活，感悟人生，自然是求，不事雕琢，佳句迭出，卓见盈帙，诸如"京城二月不减衣""苍狗白云过眼去""铅华落尽归平淡""相顾白发苍颜老""苍山万仞挂斜阳""人间最美四月天，金城再聚相见欢""雄踞塞上数百年，俯瞰北漠向燕然""十二时辰犹人生，才过日正又黄昏""夏虫井蛙争成神，野马尘埃化作仙""人生逆旅须放胆，何妨聊发少年狂"，等等，于平淡中见真情，既是生活反映，亦为人生思考。其为人也，恬淡自守，谦恭平易，而自有绳墨，心中无是非，不妄言，不以才高而傲物。其在官也，敬慎威仪，恪尽职守，而高下在心，无官腔，不作势，不以权重而骄人。

先生有诗云"悟道依旧读书郎"，是不忘本色也。本色者，知识分子也。知识分子古称士人也。士人不唯清贫而已，自有其道德操守、家国情怀也。所谓"穷不失义，达不离道"也，"得志，泽加于民；不得志，修身见于世"也，"穷则独善其身，达则兼善天下"也，"富贵不能淫，贫贱不能移，威武不能屈"也，"先天下之忧而忧，后天下之乐而乐"也，"为天地立心，为生民立命，为往圣继绝学，为万世开太平"也，"苟利国家生死以，岂因祸福避趋之"也。若士人在官者皆能束身自励，坚持道德操守，胸怀家国，则泽加于民者必多，贪腐堕落者必少，社会风气必趋纯正。惜哉！古今士人在官丧失道德操守者多矣，摒弃家国情怀者众矣。擅权肆志，不可一世，利令智昏，结局悲摧，或仓促落马，或身陷囹圄，忘乎本色之过也！

人之常情，官高而势大，处贵而贱人，恃才而傲物，恃美而邀宠。财富而不狂者鲜矣，功成而知退者寡矣。甘晖先生异乎是，在位而未觉势大，谦卑为怀，平等待人；才高而不傲物，书法有求必应，无论贩夫走卒，是知冠冕只在暂时而布衣为常服者也。

古之为官者，退居多以课徒著述为业，欲传其学识于后世也。今之为官者，学识有无不知，而退居多以守

财养生为务，时移事异，趣舍不同，除却房车金钱，鲜能以不朽者传诸子孙。甘晖先生异乎是。平居，恂恂如也，不辍耕耘也；与人言，訚訚如也，不忘恭敬也；交游，鞠躬如也，以诚相待也。其在位也，无高高在上之神气；其卸任也，亦无落差千丈之不适。用之则行，舍之则藏，失之东隅，收之桑榆，足履山川，寄情林泉，优哉游哉，聊以卒岁。其子孙引以为荣者，非其官阶也，而是其书法也。视为传家宝者，非其房产积蓄也，而是其《兴至集》也。官阶权力，过时不再；房产积蓄，难以永存；书法诗词，可以不朽。

侄倥半生非戎马，官袍脱去是书生。

甘晖先生与余同有书诗之好，书成而降身索序于余，余喜而贺之，勉力为之，稍作点评，未敢深议，所谓拥彗先驱也。

是为序。

2024 年 7 月 15 日

（胡安顺先生，陕西师范大学文学院二级教授，著名语言学家，著名诗词赋专家，书法家）

目录 contents

「九七」抒怀 /001
试和成兄原韵应之 /001
除夕有感 /002
长春去长白山途中有感 /002
和秋子先生原韵 /003
中秋感言给成倬兄 /003
教师节感怀 /004
大暑游翠华山 /005
盘谷山庄即兴 /005
五四感怀 /006
女儿婚礼有感 /006
辛卯新春有感 /007
重阳节感怀 /007
人在江湖,友情在心 /008
雨夜有感 /008
说端阳 /009
国庆感言 /009
读成兄十年祭父诗有感 /010
感西安连日雨 /010
柞水观终南山 /011
致保军 /011
致老成 /012
乡愁 /012
意和成兄元旦寄友人 /013
壬辰元宵节有感 /013
壬辰元宵节登西安城墙 /014
雨中游麦积山 /014
中秋感念 /015

有感 /015
内蒙古格根塔拉行 /016
龙潭湖逛庙会 /017
观京剧《锁麟囊》/018
丙申元宵节有感 /019
教师节有感 /019
佳县思绪 /020
元旦感言 /021
甲午小雪有感 /021
除夕夜杂想 /022
腊八节思绪 /022
古城喜雨 /022
游草堂寺 /023
冬雨 /024

春景 /024
春归 /025
古城丙申惊蛰 /025
古城惊蛰有感 /026
和商州山人《戊戌岁末有感》/026
李发伸校长八十大寿感念 /027
周原行 /028
观故宫宝蕴楼 /029
漫兴 /030
游漱芳斋 /030
哀金寿君 /031
飞机俯瞰黄土塬 /032
秋日 /032

contents

无题 /033

乘高铁去安徽遇大雾 /033

合工大校园触景有感 /034

怀古 /035

北京立春次日雪 /035

元宵夜感怀 /036

但见春风 /036

庚子清明（国）/037

庚子清明（家）/037

五一节游秦岭库峪 /038

春寒有感 /038

祝贺扶军书法工作室开张 /039

玉印同学来京同学聚会和诗 /040

庚子中秋即兴 /041

长安初雪 /041

新年感怀 /042

无题 /043

辛丑元日纪言 /044

乡愁 /044

感春 /045

无题 /045

京华逢辛丑上元 /046

回乡偶记 /046

访友黑咀里 /047

见中学同学有感 /048

回乡扫墓感怀 /049

裕河印象 /049

裕河行 /050

题介词先生照 /050
无题 /051
高评委评议会有感 /051
夜游塘河 /052
偶记 /053
山中感怀 /053
雨中桂花 /054
毕业四十年聚会有感 /054
无题 /055
评估有感 /055
杭州吟 /056
秋日雨后偶记 /056
寻访神德寺 /057
照金写意 /058

中秋思 /061
贺三叔九十大寿 /061
寿宴有感 /062
中秋吟 /062
秋分遇连日阴雨 /063
连日阴雨有感 /063
辛丑重阳节之西安 /064
无题 /064
金城逢重阳 /065
感怀 /065
腊月十六夜 /066
壬寅上元感怀 /066
库峪即事 /067
访摩诃慈恩寺 /068

无题 /068

终南散记 /069

汉中天坑群国际研究院成立有感 /070

壬寅端午 /071

汉中即景 /071

乘动车去成都 /072

夏至日感怀 /072

六月初五秦岭腹地有感 /073

陇蜀之城久旱降雨,喜之 /073

六月廿三外出晚餐遇雨 /074

柞水营盘沟消夏 /074

游甘泉大峡谷 /075

登牛背梁 /076

柞水夜吟 /078

农家乐 /078

山庄晨吟 /079

终南山寨有感 /079

宿雁栖湖 /080

雁栖湖印象 /080

雁栖湖随想 /081

参观雁栖湖集贤堂 /082

参观八面玲珑塔 /083

有感成倬兄送漳盐 /084

甘肃省政协『秦文化与中华文明探源』学术会议有感 /084

兰州逢白露 /085

无题 /085

无题 /086
秋夕感怀 /086
无题 /087
中秋前夜师友相聚 /087
兰州逢秋节 /088
中秋月 /088
仲秋感念 /089
秋分吟 /089
无题 /090
十月一感怀 /090
秦岭二题 /091
无题 /092
走曲江 /092
再走曲江 /093
三走曲江 /094
四走曲江 /094
无题 /095
无题 /095
致成兄 /096
春之吟 /096
小年即感 /097
立春 /097
无题 /098
返秦随言 /099
长相思·乡愁 /099
雨水日龙潭西湖即景 /100
京城逢雨水节 /100
公园行走感怀 /101

contents

二月二有感 /101
接孙图 /102
幼儿园即景 /102
仲春有感 /103
春情 /103
闰二月感怀 /104
海宁行 /104
海宁观潮 /105
癸卯清明回乡扫墓感怀 /106
思念 /107
雨中夜登越王楼 /108
游绵阳富乐山 /109
晓行三江河边 /110
鸟岛 /110

在北京遇沙尘天 /111
无题 /111
金陵怀古 /112
南京之无锡 /112
新吴晓思 /113
感怀 /114
去高铁站之徐州 /114
驻马坡感怀 /115
鬼脸魅影 /115
彭城印象 /116
谒淮海战役烈士纪念塔 /117
校园晓行 /118
敦敦归京时 /118
立夏日 /119

游惠山古镇 /119
二泉 /120
无题 /121
惠山寺 /122
寄畅园 /123
惠山古镇祠堂 /124
惠山古镇感怀 /125
谒雨花台烈士陵园 /126
长夏见故人 /127
感念 /127
孔庙随想 /128
小满 /129
秦淮夜行 /130
雷珍民书法艺术馆揭牌 /130
同学兰州聚会有感 /131
同学相聚感怀 /131
徐州感怀 /132
无题 /133
戏马台 /133
戏马台怀古 /134
户部山幽思 /135
忆东坡 /136
无题 /137
吊屈原 /137
雨中游栖霞寺 /138
趣悟 /139
栖霞遐想 /139
栖霞寺印象 /140

contents

寺·山·栖霞 /141
栖霞寺感念 /141
感怀 /142
游鼋头渚 /142
在江南大学遇暴雨 /143
太湖吟 /143
太湖仙岛凌霄宫 /144
趣记文昌殿 /144
宝鸡之天水 /145
夜宿南郭寺 /145
南郭寺印象 /146
秦州逢节 /148
花桥印象 /148
游玄武湖 /149

毗陵有感 /149
河海大学常州校区 /150
参观华罗庚纪念馆 /151
再到江南大学 /152
感怀 /152
江南逢小暑 /153
小暑有感 /154
无题 /155
贺中国-中亚共同体『一带一路』高质量建设高端论坛举办 /156
入伏天在徐州 /157
夜游徐州泉山森林公园 /158
矿大校园遇雨 /159
离徐返秦 /159

随感 /160
二伏夜雨复烈日 /161
伏天走南湖 /162
南湖即事 /163
游崆峒山 /164
去平凉 /165
立秋 /165
早秋 /166
镇北台 /166
扶苏墓有感 /167
红碱淖 /168
石峁遗址感怀 /169
镇北台感怀 /169
佳县随想 /170

秋意金陵 /171
无题 /172
河海大学友谊馆 /172
感怀 /173
夜游古运河 /173
琅琊抒怀 /174
微山湖印象 /175
微山岛的故事 /176
行走牛首山 /178
照金感怀 /179
照金迎雨 /180
山中 /180
京城望月 /181
故乡月 /181

contents

癸卯中秋赏月 /182
日哺游天坛 /182
龙潭西湖即景 /183
京华遇雨 /183
遥忆洛阳 /184
即兴 /185
午后遐思 /185
寒露 /186
公园即景 /186
九月节感怀 /187
无题 /187
秋日 /188
汉中吟 /189
天汉怀古 /190

汉中遣怀 /190
天汉湿地公园 /191
观天汉传奇灯光秀 /192
走观兴汉胜境 /192
陕理工65周年校庆 /193
登紫柏山 /194
重阳 /195
吃螃蟹 /196
留侯祠随想 /197
怀古幽思 /198
拜将坛遐思 /199
安康行 /200
述怀 /200
文县天池 /201

天池抒怀 /202

游万象洞 /203

官鹅沟印象 /204

哈达铺畅想 /205

贺西安文化数字研究院揭牌 /206

立冬后第三日古城初雪 /207

古城雷打雪 /208

立冬西京遇冷雷 /209

寒衣节 /210

立冬后忽感 /210

冬思 /211

冬日校园即景 /211

无题 /212

过亚岁 /213

贺兰大萃英诗社诞生 /214

无题 /215

无题 /216

迎新年 /217

新年感怀 /217

无题 /218

小寒 /218

腊月初五长安雪 /219

腊月初六古城续大雪 /219

癸卯腊八感怀 /220

大寒 /221

京城立春日 /221

游八大处 /222

立春感怀 /223

老北京搓澡 /224
欣闻外孙围棋五级升四级
过关有感 /226
立春在旧年 /228
除夕感怀 /229
春怀 /229
公园即景 /230
公园偶得 /230
情人节遐思 /231
龙潭二题 /232
甲辰人日二题 /233
京城雪 /234
京华逢上元 /234
上元感怀 /235

京城见大也兄 /235
惊蛰 /236
春龙节有感 /237
成都院子 /238
谒成都文殊院 /239
三坊七巷印象 /240
三坊七巷水榭戏台 /241
三坊七巷感怀 /241
夜行曲江池 /242
春怀 /243
无题 /243
叹花 /244
谷雨日 /244
阶州感怀 /245

柏林镇渠道村寻旧 /246
阶州逢立夏 /248
寻访透防小学 /248
兰州行 /249
沙尘天气 /249
西乡行 /250
夜游西乡廊桥 /251
樱桃沟 /251
同学夜宴 /252
牛肉面 /253
永泰古城 /254
徐躬耦先生学术思想研讨会感怀 /256
中文七七甲辰兰州聚会写照 /257
京城逢端阳 /258
龙潭西湖仲夏傍晚 /258
当我们…… /259
校园歌曲 /261
山之歌 /262
风 /263
雨 /266
雨中的巴塞罗那 /268
雨中遐思 /270
后记 /272

"九七"抒怀 [1]

岁月悠悠百余载,
情萦香江久徘徊。
国祚衰微蒙耻辱,
一朝洗雪有英才。
繁荣仰仗基本法,
稳定还须防外歹。
五星璀璨耀港九,
紫荆怒放兆未来。

1997年4月25日

试和成兄原韵应之 [2]

春气浩荡启福门,
天下大伦是知恩。
上善民勤得安泰,
何妨动情见泪痕?!

2008年12月29日

注:
1 这是香港回归时写的,登在当时的《兰州大学报》上。
2 成兄,即成倬,吾大学同学,著名诗人。

除夕有感

春来喜气爽东风，
世上此乐炎黄同。
爆竹恰似人间语，
声声脆响祝福中。

2009年1月28日

长春去长白山途中有感

驱车黑土地，
向往奔长白。
云团天边挂，
树木田间排。
偶现一湖水，
频观两山彩。
红顶农舍屋，
悠然泛绿海。

和秋子先生原韵 1

秋来兴至得清闲，
风光迥异乐游塬；
扑面惬意胜春景，
诗情豪涌堪比山。

2009年8月15日

中秋感言给成倬兄

感一

顶亮鬓雪心仍顽，
月到中秋意绵绵。
曾经沧海亦覆水，
人间美德何时还？！

感二

老夫时发少年狂，
颠云倒雨气昂扬。
他日若得豪情在，
如椽巨蠹敢不扛？！

注：
1 秋子：原名申晓君，长期从事出版工作，著名书法家。

教师节感怀

金风送爽秋色清,
满目葱茏天地新。
且忆先贤隆基业,
更喜后学壮盛名。
纲要绘就十载景,[1]
讲话寄托百年情。[2]
节庆愈觉责任重,
为国树人奋力行。

2011 年 9 月 10 日

注:
1 纲要,指《国家中长期教育改革和发展规划纲要(2010—2020 年)》。
2 讲话,指胡锦涛于 2011 年 4 月 24 日在庆祝清华大学建校 100 周年庆祝大会上的讲话。

大暑游翠华山 1

翠华隐隐长安边,
偷闲跃上一百旋。
风冰凛冽沁心脾,
山崩嵯峨叹奇观。 2

盘谷山庄即兴 3

烟笼群岭树挂霜,
路盘水绕憩山庄。
目接绿色千般景,
耳盈涛声万种象。
峰高自有神仙境,
云深才得气脉场。
今日宽余此中游,
心与天地共徜徉。

注:
1 翠华山,位于陕西省西安市长安区太乙宫镇,系终南山的一个支峰,在秦岭北麓。
2 "风冰""山崩",皆为翠华山自然景观。
3 盘谷山庄,位于陕西省柞水县黄花岭下。苍山奇峰,清溪碧潭,湖光山色美不胜收。

五四感怀 [1]

经年四十堪回首,
英姿勃发胸中有。
吃得世上千般苦,
消弭人间万种愁。
仍忆同学多意气,
更看书生少方遒。
沧海桑田是正道,
风华依然在主流。

2012 年 5 月 4 日

女儿婚礼有感

自然原本遵道常,
人生短暂看苍茫。
地共数年有深谊,
天各一方不悲怆。
今日谋面但欢欣,
他乡抱拳何相忘?
高朋满座尽知己,
笑语连连频举觞。

注:
1 吾四十年前,曾做过青年工作数年,历练颇多,感触犹深。

辛卯新春有感

总把新桃换旧符,
今又卯兔接寅虎。
开放卅年行大道,
改革百载变亘古。
黎民欢颜非强颜,
砥柱辛苦是真苦。
爆竹声声似呐喊,
振兴方舟齐举橹。

重阳节感怀

秋阳似春阳,
沁润透心房。
高风千里天,
清气万户窗。
昔日帝王都,
今朝百姓坊。
西去极目处,
应是菊正黄。

人在江湖，友情在心
——和老韩[1]

依稀卅年念菁英，
天涯咫尺有真情。
征走人生四方游，
尽阅世间八面景。
殷殷叮咛千般语，
切切谨记一慈心。
他日若得会汴梁，
对酒当歌月似银。

雨夜有感

古城五月春正浓，
万家灯火千丈虹。
决眦雁塔斋窗外，
充耳雨树夜空中。
他乡辗转成故乡，
我容砥砺变苍容。
岁月何曾知冷暖？
日自西落水自东。

注：
1 老韩，即韩书亮，在兰大求学时的一个朋友，他读生物系，但酷爱文史，今居开封。

说端阳

春光尽处照艳阳,
大街小巷溢粽香。
雅士搔首吟风月,
俗人弄姿赛湖江。[1]

国庆感言

神州此日焕异彩,
炎黄众志汇心海。
十月花开殷殷情,
金秋风高徐徐来。

注:
1 俗人,指普通民众,无贬义。赛湖江,指龙舟竞赛。

读成兄十年祭父诗有感 1

十年悲情满心窝,
数度日出复日落。
曾经频频得真言,
难忘谆谆释纠葛。
父恩如山高千寻,
子孝似水流万壑。
今朝诗书献家翁,
自在扶摇无限阔。

感西安连日雨 2

大雨缠绵落西京,
秋意阑珊满古雍。
耳畔淅沥声不绝,
眼前葱茏色相同。
金凤携带润泽气,
雨露隐忍秀美踪。
从来九月天如酥,
不曾今年漏似洪。

注:
1 成倬兄在他父亲去世十周年时,写了一诗祭悼,读后令人感慨,遂念及家父去世亦十年矣,心言出而成此诗。
2 是年秋,连阴雨月余,缠绵悱恻,为吾之前所少见,故有此诗。

柞水观终南山 [1]

终南岭万重,
嵯峨齐云端。
林表山色秀,
谷里溪声寒。
花香识娇妍,
鸟语听幽远。
莫道心难静,
气定神自闲。

致保军 [2]

书生意气三十年,
方今回看半倚栏。
仰天大笑出得门,
低眉顺眼何曾俺?
踌躇奋发争光彩,
铅华褪尽显素颜。
他日借取三尺剑,
依然凛凛生威寒。

注:
1. 此诗乃吾在柞水盘谷山庄小住时所写。柞水县,位于陕西省商洛市西北部,秦岭南坡,兼有南北气候的特征,夏无酷暑,冬无严寒,被称为"秦岭南麓的香格里拉"。
2. 保军,李氏,吾大学同宿舍同学,才情俊逸,谈笑有大丈夫气。

致老成 [1]

诗山绵延荡心波,
学海无涯何蹉跎?
人生岁久不须炼,
持樽仰天放声歌!

乡愁 [2]

回首倏尔离故园,
渭水波兴起云烟。
欢情难掩思乡梦,
年轮新添又一圈。

注:
1 老成,即吾同学成倬,诗人。
2 这是吾到陕西后第五年所写,是一种感叹。

意和成兄元旦寄友人 [1]

东风八百秦传坦，
寓居长安忽经年。
治学有道须深究，
书案起身下底探。

壬辰元宵节有感 [2]

古城焕彩满目炫，
钟楼新妆可心欢。
华夏祥龙动天地，
春气透窗迎上元。

注：
1 成倬同学在元旦寄我一首诗，有感而和之，非原韵。
2 这是2012年元宵节登钟楼城墙时所写。

壬辰元宵节登西安城墙

壬辰正元夜未央，
意兴登临古城墙。
满目璀璨阅溢彩，
是处辉煌尽流光。
皎洁明月行穹碧，
熙攘众生蹚河江。
和煦春风拂长安，
拱手亲朋道吉祥！

雨中游麦积山[1]

烟笼翠绿雨洗尘，
麦积隐隐现娇容。
佛像尊尊天工造，
蹬梯级级险入云。
瑞气氤氲应宝寺，
仙崖巍峨观高耸。
今日宽裕得一眼，
秋风拂衣心有虹。

注：
1 麦积山石窟，位于甘肃省天水市麦积区，属秦岭西端北侧，是小陇山中的一座孤峰，因山形似农家麦垛而得名，与莫高窟、龙门石窟、云冈石窟并称为中国四大石窟。

中秋感念[1]

中秋最是看月容，
今岁不与往年同。
天公喜泪洒人间，
化作美酒千万盅。

有感

秋色浓艳中国红，
十月喜气满乾坤。
世博一日看中华，
嫦娥再次舒广袖。
众生万千祭英烈，
共和甲子展新容。
但使寰宇得安宁，
智慧应尊和不同。

注：
1 这年中秋节，阴雨绵绵，未见月光。

内蒙古格根塔拉行

在内蒙古参加评估工作委员会会议去草原有感。

草原新雨后,
空气格外清。
浓云挂天际,
大地显葳蕤。
驱车数百里,
格根牧场会。
君应知轻松近自然,
方可联翩意难平。

2003年8月27日

龙潭湖逛庙会 [1]

清气微雨湿，
春意疏柳黄。
湖面冰水半，
霾里天地广。
老少接踵行，
灯彩参差张。
四顾尽热闹，
心中何惆怅？

2016年2月15日

注：
1 龙潭湖公园，位于北京市东城区龙潭路8号，总占地面积42.3公顷。龙潭庙会是北京地区持续时间较久、影响较广泛、知名度较高的庙会之一，以传统民俗文化、现代时尚气息著称。

观京剧《锁麟囊》[1]

世间炎凉亘古在，
顺逆风帆心海扬。
衣食无忧养骄纵，
灾难有幸裁天良。
善恶终究因与果，
贫富瞬间黯转阳。
此音绕梁长在耳，
平凡代代是吉祥。

2016年2月18日

注：
1 《锁麟囊》是翁偶虹根据《剧说》中一则引自《只麈谭》的故事创作剧本，程砚秋设计唱腔、排演的京剧剧目。全剧共十五场，1940年4月29日首演于上海黄金大戏院。吾观此剧，主演为京剧名家张火丁，表演很精彩。

丙申元宵节有感

上元阳气漫天涯,
东风温润抚脸颊。
百般柳丝舞春意,
千种花枝蕴新芽。
遥望秦岭黛如眉,
近览唐园艳似霞。[1]
年年此日多少人,
心船入港唯有家。

教师节有感

金玉师节又一经,
卅年风雨国运蒸。
民族伟业看才俊,
华夏大梦仗园丁。
高树繁繁千枝茂,
木铎声声万般情。
百舸争流鼎新潮,
自立天地象无形。

注:
1 唐园乃大唐芙蓉园是也。

佳县思绪[1]

耸立塞北石头寨,
悠然葭州凌汉霄。
万里今涛黄河远,
千寻古观白云高。
神泉堡中定乾坤,
魁星楼下求命诰。
一粒红枣系民愿,
三张蓝图过梦桥。

注:

1. 佳县为陕北榆林的一个县,古称葭州。县城建在飞峙在黄河边的石头上,人称"石头城"。有一座白云山,山建一道观,曰"白云观"。毛泽东主席曾于1947年两次登临抽签、看晋剧,陕北人誉此山为神山,信之极致。神泉堡的高家大院在1947年曾是中共中央机关所在地,毛泽东、周恩来、任弼时、汪东兴等都住在这里,指挥了著名的沙家店战役,扭转了西北战场乃至整个解放战争的战局。魁星楼在白云山的最高点,每年高考前大批考生和家长都到此抽签问卦,希望金榜题名。该县以红枣为支柱产业,农民每年人均可从红枣产业中获得5000多元。县上根据县情确定了盐化工业、红枣产业和文化旅游三大战略,是为中国梦的佳县版。

元旦感言

终南巍峨长安边,
渭水荡漾雍城岸。
旧岁华夏故事多,
新年意气更无前。

2016 年 1 月 1 日

甲午小雪有感

风雨今日凝露寒,
地冷未甚凉意渐。
浓浓雾霾如影随,
摇摇叶片似手剪。
天际苍茫远亦近,
地端依稀去又还。
时序从来不依人,
虹伏心中该坦然。

除夕夜杂想

爆竹声声惊心魂,
雾霾沉沉障眼神。
六骏但若生当世,[1]
威凌追风怎驰骋?

腊八节思绪

又是一度腊八寒,
粥香喉齿忆旧年。
米豆蔬丁臊子烂,
入口身暖心更欢。

古城喜雨

清雨泠泠润长安,
迷雾蒙蒙遮望眼。
但得今日空气新,
欢颜凛冽水涟涟。

注:
1 六骏,为唐太宗生前所骑乘过的六匹骏马。

游草堂寺[1]

草堂成寺越千年,
悄然矗立圭峰边。
烟雾袅袅思绪绕,
鸠塔灼灼灵光闪。
大藏一部真经在,
僧侣数代佛脉传。
眼看四处热闹场,
唯觉此地静可禅。

注:
1 草堂寺,佛教八宗之一"三论宗"祖庭,是中国第一座国立翻译佛经译场,西域高僧鸠摩罗什曾苫草为堂翻译佛经,是佛教中国化的起点。位于陕西省西安市鄠邑区圭峰山北麓,草堂寺创建于东晋,已有1600多年的历史。

冬雨

头顶久无蓝幕垂,
心中时有白云情。
小雪昨日沥沥雨,
人愿仰仗天公遂。

春景

生生白兰润,
灼灼嫣桃晖。
大地吹暖气,
小苗展翠微。
千树秀嫩姿,
万花绽新蕾。
春雨惊春天,
草长莺乱飞。

2016年3月4日

春归

秦陇春归暖且寒,
一日迅疾一日缓。
昨夜花容闺中待,
今朝赤雪耀灿烂。[1]

2016年3月5日

古城丙申惊蛰

是岁惊蛰沐轻尘,
旖旎风光朦胧中。
遥忆开元曲江池,
日朗气清此心同。

注:
1 赤雪,指红的桃花,白的玉兰。

古城惊蛰有感

是岁惊蛰蒙烟尘，
午暖晨暮犹觉冷。
最恨不敢减衣衫，
忽醒已近老年身。

和商州山人《戊戌岁末有感》

夏秋冬去又是春，
迷幻眼中看霾尘。
胸怀坦荡可走马，
思多纠结太费神。
世事难料可奈何？
人心叵测须自珍。
嗟乎侠气尚未尽，
朗朗清爽有来晨。

2019年1月21日

李发伸校长八十大寿感念

萧索岁月入黉门,[1]
徜徉萃英逾耳顺。[2]
精卫衔木填大海,
夸父拄杖追金轮。
蓄势厚基有静气,
风雨坎坷无怯容。[3]
笑迎耄耋行走疾,[4]
且看上庠自在人。[5]

2019 年 8 月 31 日

注:
1 萧索岁月:李校长入学时正是国家经济困难时期。黉门:学校的门,指大学。
2 耳顺:六十为耳顺。李校长在兰州大学学习工作超过六十年。
3 "蓄势""风雨"两句:在治校中遵循高等教育规律,蓄发展之势,厚学术、教学、学科、师资力量、办学条件之基础所做出的努力和卓绝探索。
4 耄耋:八十岁古称耄耋之年。李校长年近八十仍在到处行走,做自己喜欢的学术。
5 上庠:指大学。

周原行

在岐山评社科奖,第一次到此地,有点小感慨,记之。

玉风送爽满周原,
秋阳着意染岐山。
古迹处处透灵性,
新楼幢幢写世变。
金縢藏册天道行,[1]
甘棠遗爱德政显。[2]
最是一年好光景,
凤鸣声里文脉远。

2019 年 9 月 5 日

注:

1. 金縢藏册,指武王与周公的一个事件。武王在灭商后,第二年生了重病,然外患尚未消除。周公为了国家安定,向祖宗祈祷,愿代替武王去死。周公将书写祝词的典册藏入"金縢"(用金属绳索捆束的箱匣),并告诫史官不要外传。武王驾崩,成王年幼,周公代理政事,遭到管叔、蔡叔的诽谤,称周公将对成王不利。成王便心生怀疑,后看到祝册,深受感动,消除了怀疑。
2. 甘棠遗爱,指周公旦行德政,人民感戴,对周公憩息过的甘棠树亦爱护有加。

观故宫宝蕴楼[1]

风尘百十年,
陈迹说辛酸。
沧桑云雨过,
推敲品茗间。
今日得宽怀,
徜徉帝王苑。
最是牛大师,[2]
器物追皇权。

2019年11月4日

注:
1 宝蕴楼,位于紫禁城西南,英武殿以西,原是古物陈列所的文物库房,乾隆十六年(1751年),乾隆皇帝为庆贺皇太后六十寿辰,将此宫修葺后改称"寿安宫",此后成为皇太后、妃的居住之所。
2 牛大师,同行的一位友人,对文物收藏有一定的造诣。

漫兴

细雨故宫清新游,
意兴万千历史中。
盈耳喧噪话语声,
却是东西南北人。

2019 年 11 月 4 日

游漱芳斋 1

皇家风雅处,
依然漱芳斋。
琳琅数百年,
娉婷迎客来。

2019 年 11 月 4 日

注:
1 漱芳斋,始建于明朝永乐十八年(1420 年),原为故宫内廷乾西五所的头所,后改为重华宫宴集演戏之所,现为故宫博物院贵宾接待处。

哀金寿君

惊闻金寿同学因病去世,唏嘘万分。些许记忆,突至心间。记之。

每忆考试前,
君约共湖畔。[1]
树影疏而乱,
假山矮且坦。
吾口述一遍,
君言即复盘。
至今念金寿,
聪明吾难攀。
话语响耳鼓,
神态浮眼前。
君离吾侪去,
仰天长吁叹。

2019年11月6日

注:
1 人工湖,今兰州大学"毓秀湖"是也。

飞机俯瞰黄土塬

山峦如海苍茫颜,
峁梁似浪涌其间。
村落片片彩帆影,
水库点点明镜盘。

2019年11月14日

从北京乘飞机返西安,舷窗所见。

秋日[1]

绿荫黄叶参差来,
地敛天远山如海。
异然风景昌平秋,
气清心怡舒入怀。

2019年11月15日

注:
1 "不忘初心"专题教育巡回指导去中国石油大学和中国政法大学昌平新校区。有此感念。

无题

段京肃同学来京,若干同学小聚,顺口几句,聊以助兴。

燕京雪后空气新,
席间笑语春满庭。
酒香难有情义醇,
世间最美同窗情。

2019年12月1日

乘高铁去安徽遇大雾

地球似乎回初始,
巨龙疾驰穿混沌。
江山灵秀全隐身,
人间美艳只灰蒙。
太阳神鸟威灵黯,
峰岭容颜大不同。
自然变异君难料,
唯有敬畏万古存。

2019年12月9日

合工大校园触景有感 [1]

江淮冬月渐寒凉,
清晨信步斛兵塘。
曙光射入合为彩,
楼影矗立自成行。
枫叶俏容透红晕,
柳丝媚态垂绿长。
最是鸟语叫声声,
心绪空灵任徜徉。

2019年12月10日

注:
1 因工作到合肥工业大学,清晨起来散步,见此景记之。

怀古 [1]

往事如烟风云长,
掘坑点数庐州旁。
枭雄阿瞒今何在?
此地唯见斛兵塘。

2019 年 12 月 11 日

北京立春次日雪

暮云色暗彻天浓,
飞雪声轻春夜空。
平明满目皆易容,
燕赵似与昆仑同。

2020 年 2 月 13 日

注:
1 东汉末年,曹操率兵南下攻打孙权,驻军合肥(古时称庐州)。他号称率领八十万大军,却无精准数字,遂挖一大土坑,让士兵站进去,以此清点人数。后此土坑成为一水塘,后人称之为"斛兵塘",现在合肥工业大学校园内。

元宵夜感怀

苍灵残雪溢清寒,
银汉静谧挂玉盘。
子年子夜难安席,
新春新景何时见?

2020年2月13日

但见春风

二月京城日日风,
吹醒枝头百媚生。
红黄白紫尽妖娆,
绽放青青草色中。

2020年3月16日

庚子清明（国）

京城万木秀葱茏，
心事浩茫九州同。
汽笛声中旗半降，
逝者安息英烈荣。

2020年4月5日

庚子清明（家）

萧索细雨湿田垄，
父母托梦入心魂。
遥望阶州旧城山，[1]
坟头野草几枯荣？

2020年4月6日

注：
1 阶州：武都古称；旧城山，古称仙陵山。北魏太平真君九年（448年）置武都镇，始建城于仙陵山东，称旧城，其山乃称旧城山。现为武都一大型公墓所在地。吾父母即安葬于此山。

五一节游秦岭库峪[1]

春气浓盛心渐宽,
恰逢五一谒终南。
秦岭嵯峨参差染,
库峪清流潺湲欢。
一日得空游仙地,
千年有灵忆唐贤。
文士钟爱阴岭秀,
万般情怀在此山。

2020年5月3日

春寒有感

京城二月不减衣,
草木幽闷入春迟。
新柳垂枝喜雨润,
枯桐悬铃听风起。
蓝天万里如梦幻,
白云千姿展旖旎。
心系江城潮水涌,
唯愿春雷万里急。

2020年5月27日

注:
1 库峪,秦岭七十二峪之一,位于今蓝田与长安两县区的交界处,是著名的"库谷道"的重要组成部分,从唐至明清是关中六大通道之一。库峪山脉连绵不断,其间泉水溪流甚多,风光秀美。

祝贺扶军书法工作室开张 [1]

贺弟今居长安城,
扶摇垂天翔鲲鹏。
军旅经年修心志,
书道探寻凝精魂。
法度内外鼎新意,
工范上下破旧笼。
作功人才七星楼,
室在曲江聚高朋。

2020 年 7 月 9 日

注:
1 扶军,即陈扶军,为吾一好友,中国书法家协会理事,著名书法家,曾在原兰州军区政治部工作,现任职于中国人民解放军陆军边海防学院。

玉印同学来京同学聚会和诗 [1]

> 南玉印同学送外孙赴京就学中国传媒大学,在京同学聚而贺之,和诗一首,表达心境。

荒天地老系玄黄,
金风玉露凝清霜。
千种惆怅走丝路,
百般坎坷入上庠。
四年殷殷岁月短,
一世堪堪手足长。
夜宴京都品佳酿,
赏月西湖约钱塘。

2020 年 9 月 14 日

注:
1 南玉印同学现居杭州,外孙考取中国传媒大学,在京同学小聚,同窗之情,山高水长。

庚子中秋即兴

细雨入秦天欲凉,
商风凌空叶披黄。[1]
千秋一轮心中月,
推轩丹桂缕缕香。

2020 年 10 月 1 日

长安初雪

初始淅淅清雨淋,
瞬间攘攘白雪行。
且看天公行大义,
寥廓江山万里新。

2020 年 11 月 24 日

注:
1 商风,即秋风。我国古代音律分为宫、商、角、徵、羽,分别对应五行的土、金、木、水、火。商音属金,乐声凄厉,古人认为这与秋天的肃杀之气相应,因此称秋天为"商",商风即为摧折万物的凄厉之秋风。

新年感怀

自陇入秦已十霜,[1]
也苦亦乐走一场。
百般人生积情愫,
万种世态写彷徨。
天地有情吾侪在,
江湖无心他日长。
修身不觉古稀近,
悟道依旧读书郎。

2020 年 12 月 31 日

注:
1 我于 2010 年 12 月 28 日从兰州大学调至陕西师范大学工作,至今已十年,故言"十霜"。

无题
——给成倬

一别金城逾十年，
成兄筋骨健依然。
归来山房无车辙，[1]
饮罢小酒漫诗篇。
苍狗白云过眼去，
长庚孤月在青天。
故园左柳枝靠枝，[2]
何日对坐言复言？

2021年1月7日

注：
1 山房，是成倬兄在漳县老家的旧居。
2 故园，指兰州大学，园中有"左公柳"。

辛丑元日纪言

草色淡洇大矩浮,[1]
春气氤氲柳梢黄。
冷眼厚霾浑天地,
心安两仪自徜徉。[2]

2021 年 2 月 12 日

乡愁

铅华落尽归平淡,
乡音听来似已远。
心中万千纠结绪,
梦中一碗浆水面。[3]

2021 年 2 月 18 日

注:
1 大矩,古人认为天圆地方,故称地为大矩。
2 两仪,有多种说法,这里指天地、阴阳。
3 浆水面,是甘肃很多地方的特色小吃,吾小时候最喜欢吃的食物。

感春

春阳融融草木明,
秀色日日见清灵。
雨罢阵阵馨香气,
大矩处处绿意新。

2021年2月21日

无题

——
吾由燕返秦途中,心生感慨,凑成五言一首。

细雨润幽燕,
薄烟笼金銮。[1]
近看物隐约,
远观天微涵。
身随巨龙行,[2]
心飞太白巅。[3]
若得数年机,
思绪万古览。

2021年2月28日

注:
1 幽燕、金銮,代指京城。
2 巨龙,指高铁。
3 太白,此处代指秦岭。

京华逢辛丑上元

袨服华妆车马龙,[1]
街巷彩灯映长空。
世事难阻人情盛,
觥筹交错举箸中。

2021年3月2日

回乡偶记

龙江低吟向东流,[2]
群山高耸环阶城。[3]
寒气凛冽难减衣,
节令清明不像春。
高楼满目齐峰峦,
河畔十里秀玲珑。
眼前稀见旧时景,
照面尽是陌生人。

2021年4月10日

注:
1 袨服华妆,指人们穿着盛装,化着华贵的妆容。
2 龙江,指白龙江,此江发源于甘南郎木寺,在武都穿城向东流去。
3 阶城,指武都。武都古称阶州。

访友黑咀里[1]
——和满意贤弟韵[2]

细雨绵绵天无常,
春叶憨憨枝头黄。
访友老村着冬衣,
品食新屋有灶塘。
陈酿醇香放胆饮,
珍茶酽冽用心尝。
白雾变幻聚复散,
黑咀沟岭化霓裳。

2021年4月10日

注:
1 黑咀里,石满意的家乡,在武都区佛崖乡。
2 满意,即石满意,吾一个好朋友,军人,原陕西商洛军分区司令。文武俱佳,有情怀。

见中学同学有感 [1]

其一

同堂读书逾卅年,
耳顺聚首把欢言。
相顾白发苍颜老,
万般心绪湿眼帘。

其二

同学相见心自热,
不惧春寒"农家乐"。
推杯换盏笑语喧,
最忆当年故事多。

2021年4月10日

注:
1 吾四十多年前在武都四中读书,2021年回陇南与同学相聚,情难自抑。

回乡扫墓感怀

天低云暗数日连，
轻风细雨犹自寒。
清明时节陇之南，
烂漫春光浑不见。[1]

2021 年 4 月 10 日

裕河印象[2]

沟壑纵横尽眼绿，
道路崎岖心胆惧。
参差茶园山坡缀，
嶙峋巨石峪中憩。
围炉薪火煮新茗，
举箸山珍悟山趣。
欣喜金丝猴群乐，
满山跃入来复去。

2021 年 4 月 17 日

注：
1. 陇南属亚热带气候，清明节前后应该比较暖和，但 2021 年却比较冷，还需薄毛衣加身。
2. 裕河，为甘肃省陇南市武都区的一个镇，位于武都区东南部，与陕西宁强及四川广元接壤。地处西秦岭，山峰高耸，山坡陡峻，属亚热带湿润性气候，有 20 多种国家一二级保护植物，国家一二级保护动物羚牛、金雕、大熊猫、金钱豹等 40 余种，金丝猴 7 大群，1500 多只。

裕河行

久阴裕河出新阳,
山重水复过沟梁。
满目青翠品绿韵,
迈脚嵯峨走坂荡。
白雾氤氲山腰缠,
巨石嶙峋峪中躺。
峰顶跃下金丝猴,
轻快欢鸣万壑响。

2021 年 4 月 17 日

题介词先生照[1]

栈道石磴长,
峪水流色浑。
汉子手擎天,
峡中声雷滚。
脸颊红云轻,
山间绿意浓。
今日得宽余,
一览陇上雄。

2021 年 4 月 18 日

注:
1 介词先生,即吾同学于振业。2021 年,同学入学四十年聚会时,他拍了一张照片,吾兴至写了这首诗。

无题 [1]

武都成康四日游，
桃月山水醉春风。[2]
卅年聚首发幽情，
且看壮心寄陇头。[3]

2021 年 4 月 18 日

高评委评议会有感 [4]

辗转跋涉数日忙，
今朝风尘聚瓯江。
座上言辞机锋现，
心中坦然责任扛。

2021 年 4 月 20 日

注：
1. 2021 年 4 月，兰州大学中文系 1977 级同学入学四十年聚会在陇南举行，游历了武都区、成县、康县。
2. 桃月，指农历三月。
3. 陇头，陇南在甘肃东南部，地处秦巴山区，黄土高原、青藏高原的交接区域，东接陕西，南通四川，是甘肃唯一全境属于长江流域的地区，因之称"陇头"。
4. 2021 年春，教育部高评委组织了对民办高校转设的评估，我有幸参加了对广东、浙江、江西一些民办高校转设的评估工作。之后，高评委在浙江温州召开了评议会，此诗即是当时的感受。

夜游塘河 [1]

其一

夜幕拉开登画舫,
灯影光带写万象。
十里风情说温州,
身在浩瀚星河上。

其二

光影交错十里廊,
春风沉醉一画舫。
天上人间塘河中,
水声温润心渠淌。

2021年4月20日

注:
1 塘河,位于瓯江以南,飞云江以北的温瑞平原,是温州市境内十分重要的河道水系,分属于鹿城、瓯海、龙湾、瑞安等"三区一市"管辖。

偶记 1

一片红霞染青黛,
万种情怀写人生。
今日但得夕阳好,
何惧清冷近黄昏?

2021年4月28日

山中感怀 2

近听沙沙雨打叶,
远观袅袅云走山。
只在逶迤秦岭中,
此心深处清且安。

2021年4月28日

注:
1 这是在曲江唐城墙遗址公园里行走时,触景生情所写。
2 这是参加西安市社科评奖时在汤峪所作。

雨中桂花

秋雨连绵净无尘,
丹桂落英一地红。
今朝入土化作泥,
来年花香依旧同。

2021年9月28日

毕业四十年聚会有感 1

莺时走马幸陇南, 2
卅年相会堪经典。
锦绣山川涨春意,
摇曳草木尽欢颜。
相见衷肠诉恨晚,
挥别情怀说曲款。
庆平腊酒接风宴, 3
举箸推杯家常欢。

2021年5月4日

注:
1 2021年春,兰州大学中文系1977级毕业四十年聚会在陇南进行。
2 莺时,指农历三月。
3 庆平,指同学肖庆平,他是陇南人,这次活动由他协调安排。

无题

溽暑受命宁沪杭,[1]
六人结组识三强。[2]
世事多有不如意,
心存正念少彷徨。

2021年7月16日

评估有感

干训入庠逾十载,[3]
此番验身量高矮。
伏月酷热但冷静,[4]
把正舵盘向未来。

2021年7月18日

注:
1 溽暑,夏季潮湿而闷热的气候。
2 三强,指南京大学、复旦大学、浙江大学。我们去考察这三所名校的干部培训工作。
3 干训入庠,指在一些著名学校承担干部培训工作。
4 伏月,指农历六月。

杭州吟

六月钱塘溽暑蒸，
镜里亭台相映成。[1]
冀愿流泉涌不息，
茂树千章摇清风。

2021年7月18日

秋日雨后偶记

达夜秋雨万枝新，[2]
平明远望无限情。
深树鸟鸣透空灵，
光影斑驳一幻景。

2021年8月25日

注：
1. 钱塘，杭州古时称钱塘。《明文精选·闲赏·夏》："溽暑蒸人，如洪炉铸剑，谁能跃冶？须得清泉万派，茂树千章，古洞含风，阴崖积雪，空中楼阁，四面青山，镜里亭台，湘帘竹簟，藤枕石床：栩栩然，蝶欤周欤，吾不得而知也。"
2. 达夜：整夜，一夜。

寻访神德寺[1]

秋气凛冽雨间息,
寻踪隋寺走轻泥。
蹊径曲绕翠草旺,
峰岭高耸浓云栖。
当年队长说佛事,[2]
此日痴人觉心驰。[3]
盛时神德今安在?
天地微茫露沾衣。

2021 年 9 月 17 日

注:
1 神德寺,隋唐时所建,遗址在今陕西省铜川市耀州区照金镇。
2 队长,是遗址所在地一农民,当年挖掘遗址时他正担任生产队长。
3 痴人,指我和张雄副主席,对寻访神德寺兴趣浓厚。

照金写意(八首)

之一

草木深深入翠微,
踏步蹊径少人随。
神德古寺何处寻?
士子兴起走忘归。

之二

微雨淅沥千山翠,
浓云聚散万世情。
从来秋色黯伤神,
此刻江天惟我行。

之三

薛寨崖上雨染痕,
旧槐新竹竞争荣。
先辈创业铁血胆,
赢得华夏旌旗红。

之四

月悬近空映古镇,
星垂远野泛微光。
虫鸣融在风声里,
山色将秋接八荒。

之五

小道蜿蜒熏风微,
树影婆娑身姿魅。
草丛枝间雀鸟归,
山峦沟壑秋意醉。

之六

黄天厚土赤潮起,
沟壑峁梁刀枪举。
至今犹忆刘谢习,
薛寨丹崖昂天立。

之七

天低云暗覆翠微,
花重叶垂草尖泪。
身凉又见点点黄,
方觉金祇已到位。[2]

之八

帝青继日泪水涟,[3]
不觉秋中琼轮返。
眼看云头现阳景,
匆忙变脸绽笑颜。

2021年9月17日至2021年9月20日

注:
1 这是2021年在照金干部学院评社科奖时所写的一组诗,是当时的所感所思。照金,位于陕西省铜川市西北部,自古乃要塞之地。相传隋炀帝巡游至此,称"日照锦衣,遍地似金",照金因此名传天下。1933年春建立了以照金为中心的陕甘边革命根据地,其薛家寨等遗址是刘志丹、谢子长、习仲勋、李妙斋等老一辈无产阶级革命家从事革命活动的地方。宋设宁古镇,1949年设照金乡。
2 金祇,司秋之神。
3 帝青,指青天。

中秋思

晴柔吹来一两风,[1]
气象走出六合中。[2]
却恐跳珠黯然至,[3]
难见婀娜嫦娥身。

2021年9月20日

贺三叔九十大寿[4]

教书育人无他求,
风雨晦明从容走。
逸情宽怀拂世事,
修得仁心通上寿。[5]

2021年9月21日

注:
1 晴柔,指晴朗的天气中柔和的风光。
2 气象,景色,景象。六合,指上下和四方,泛指天地和宇宙。
3 跳珠,雨的雅称。
4 我三叔甘棠寿,一辈子在高校工作,学术功力精湛,且宽厚仁慈,声望甚隆,2022年去世,享年91岁。这是他九十大寿时吾所作。
5 上寿,指90岁以上的老人。

寿宴有感

天蓝气清白景耀,[1]
济济一堂老与少。
喜颜满屋欢声喧,
同贺甘氏上寿老。

2021年9月21日

中秋吟

又逢秋中迎柔好,[2]
百般心头有肃萧。
帝青潜然千滴泪,
清香万里凌碧霄。

2021年9月21日

注:
1 白景,指太阳。
2 柔好,指月亮。

秋分遇连日阴雨

夜卧雨声入梦魂,
晓起峰顶隐雾中。
深秋玄液日复日,[1]
身感寒意近初冬。

2021年9月28日

连日阴雨有感

秋气渐浓雨缠绵,
树叶已浮黯绿颜。
迷迭丹桂数丈香,
清冽金声三更寒。
群山苍翠现兀岩,
众壑喧腾壮深潭。
满目但见诸景新,
长风万里响归雁。

2021年9月29日

注:
1 玄液,雨的别称。

辛丑重阳节之西安 [1]

九日返西京，
天际阴云平。
遥遥千里程，
可可半日行。
重阳成吾节，
岁月化邓林。
悠然思南山，
金菊映壮心。

2021 年 10 月 14 日

无题

重阳之日走西京，
儿孙有恙心空阴。
人生十九如意难，
天涯万千孤客行。
京华只见红缀绿，
陇上应是翠挂金。
胸中一息登山愿，
高处抬眼泪沾襟。

2021 年 10 月 14 日

注：
1 这是 2021 年重阳节在从北京至西安的高铁上所作。

金城逢重阳 1

凭轩大河向东流，2
金风但见黄叶稠。
眼前萧瑟尽秋意，
心中悠然又重九。

2021 年 10 月 14 日

感怀 3

丑牛回眸神悠然，
经岁倏忽过眼前。
年时诸事穷且达，
日子百般苦中甜。
迟暮方得品沧海，
壮心恰似展华年。
一曲吟罢有余响，
凝思凭轩望终南。

2022 年 1 月 1 日

注：
1 金城，即兰州，古称金城。
2 大河，即黄河。
3 这是新的一年开始时的心境。

腊月十六夜

往日喧声耳边飞，
川流人车俱无影。
倚窗思绪追远近，
寒侵玉盘悬天庭。

2022年1月18日

壬寅上元感怀

又是一年逢上元，
百感交集叹时艰。
此日相期邀云汉，
天国人间共平安。

2022年2月15日

库峪即事

春深山幽绿婆娑,
拄杖登高日影遮。
涧溪腾越闹喧声,
山石荦确惊魂魄。
小憩品茗伽蓝殿,
驻足赏景葫芦坡。
慨叹一众修行者,[1]
远尘静做终南客。

2022 年 5 月 3 日

注:
1 修行者,终南山自古就是修行者的圣地,吾接触几位,长则十多年,短则 3—5 年,各业界、各省市人士皆有。

访摩诃慈恩寺[1]

丽日终南看逶迤,
随友乘兴访胜迹。
清溪潺湲山石众,
曲径蜿蜒行人稀。
摩诃寺中品茶语,
僧人房侧辨禅机。
礼佛终是修心志,
透悟方能得相期。

2022 年 5 月 3 日

无题

春风四月芳菲穷,
秦岭山中寒意仍。
踏峪寻访结庐境,
心少挂碍了无痕。

2022 年 5 月 3 日

注:
1 摩诃慈恩寺,位于西安市长安区嘉午台风景区附近。

终南散记 [1]

借闲走南山,
草木见葳蕤。
绿肥红颜衰,
水落乱石堆。
涧溪潺潺急,
鸟语声声新。
寻访隐高士,
幸遇陇上谁。[2]
山寺槲木秀,
僧人茶汤清。
环望峰岭幽,
空灵禅翠微。

2022 年 5 月 4 日

注:
1 这是在库峪登山,访谒摩诃慈恩寺时所写。
2 "幸遇陇上谁",该寺主持为甘肃永登人氏,故言"陇上谁"。

汉中天坑群国际研究院成立有感[1]

沧海桑田写天道,
星河银汉有神妙。
秦巴秘境天坑群,
岩溶奇迹世界翘。[2]

2022年6月1日

注:

1 汉中天坑群地质遗迹资源主要分布在汉中市南郑区小南海镇、西乡县骆家坝镇、宁强县禅家岩镇、镇巴县三元镇4个区域,总面积约5019平方公里,被誉为"二十一世纪地理大发现",是迄今为止在北半球最北界,也是全球最高纬度,首次发现的大型天坑群,填补了世界岩溶地质研究的空白,具有极高的科学价值和美学价值。

2 翘,翘楚之意。

壬寅端午

夏日渐感溽热强,
燥气弥漫透粽香。
千年屈子成虚影,
唯见江湖弄舟忙。

2022 年 6 月 3 日

汉中即景 1

翠山岭连峰,
白云腰间缠。
涧溪喧腾疾,
画卷参差展。

2022 年 6 月 22 日

注:
1 乘坐高铁一路过去,汉中境内见此景。

乘动车去成都

雨润秦巴逶迤翠,
江腾嘉陵汹涌浑。
念古思今走蜀道,
风驰电掣过剑门。

2022年6月22日

夏至日感怀

夏节日影短身长,¹
浓荫也难生清凉。
北方得阳今次隆,²
入伏长面万家香。³

2022年6月27日

注:
1 夏节,夏至的别称。这一天,北半球白昼最长。夏至后白昼越来越短,故说"日影短身长"。
2 北方此时日照时间最长,故说"得阳今次隆"。
3 夏至吃面,暗示了夏至长长的白天,故称"吃过夏至面,一天短一线"。

六月初五秦岭腹地有感

溽暑难耐入秦山,
灵虚遥望太白巅。[1]
梅湾清气环吾身,[2]
心中顿觉绿树奄。[3]

2022年7月5日

陇蜀之城,久旱降雨,喜之[4]

山吐白云峰峦飞,
天降灵泽润泰宁。[5]
阶城万户享清凉,
久旱草木尽沾霈。[6]

2022年7月12日

注:
1 灵虚,指太虚,宇宙。
2 梅湾,指太白山梅湾村。
3 奄,同淹,停留、久留意。
4 陇蜀之城,即武都,古称阶州。
5 灵泽,指雨水。泰宁,地的别称。
6 沾霈,指雨水充分地浸润土地,也可指湿润的状态。

六月廿三外出晚餐遇雨 [1]

伏雨凛冽自天降，
燠炽隐身似秋凉。[2]
槐蕊不堪被风凌，
娇颜零落送幽香。

2022 年 7 月 22 日

柞水营盘沟消夏 [3]

嵯峨山峦削且剪，
苍茫林海幽而远。
秦岭六月避溽暑，
民宿三伏识约简。
洗耳涧溪响清音，
养眼峰岭揖佛禅。
夏虫井蛙何其众，
野马尘埃掠心田。

2022 年 7 月 31 日

注：
1 是日，外出去"八百里秦川"用餐，遇大雨，记之。
2 燠，热；炽，（火）旺盛。燠炽，形容很热。
3 柞水县营盘沟，被誉为"秦岭之巅的绿宝石"。

游甘泉大峡谷[1]

一

巉岩嶙峋百千态,
冲波逆折久徘徊。
鬼斧神工何方圣?
飞湍瀑流信手来。

二

凹凸有致来眼前,
仪态万方惹人怜。
深谷识得"甘泉女",
妙趣天成任我欢。

2022 年 7 月 30 日

注:
1 甘泉大峡谷,位于陕西省延安市甘泉县下寺湾镇雨岔沟,为红砂岩地质,历经千百万年风沙切割和流水溶蚀、冲刷而成,有"黄土高原自然地缝奇观"之美称,被誉为"世界活丹霞,中国梦之谷"。

登牛背梁

一

烟锁牛背难见梁,
百般景致雾中藏。
山路盘桓弯急陡,
索道吱扭悬空翔。
石磴千级蹭拄杖,
天门万仞听鸣响。
爽籁林间轻啸过,[1]
微露扑面沾衣裳。

二

终南岩峣曲径幽,[2]
雾中欲度颠连丘。[3]
倏然阳光穿云出,
缭绕柔纱行色匆。
老幼妇孺各抖擞,
南天门前听欢声。
临高望远抒胸臆,
壮怀气象万千中。

2022 年 8 月 2 日

注：
1　爽籁，指清风。
2　岩峣，山高峻貌。
3　颠连丘，山形起伏的样子，一个山头连着一个山头。

柞水夜吟

终南山月蛾眉态,
晚吹送凉入我怀。[1]
民宿夜放满沟灯,
疑是星汉人间来。

2022 年 8 月 2 日

农家乐

桌上珍馐味,
采撷自家园。
食客频举箸,
餐罢尽开颜。

2022 年 8 月 3 日

注:
1 晚吹,指夏夜的风。

山庄晨吟

千涧万壑轻雾绕，
鸟鸣声中蝉调高。
溪边羌桃树荫重，
结对果实颜值俏。[1]

2022 年 8 月 3 日

终南山寨有感

终南山寨石头建，
街铺次第开洞天。
眼前一步一店异，
口中百家百味鲜。

2022 年 8 月 3 日

注：
1 羌桃，指核桃。此处核桃树的果实都是一对一对的，煞是好看。

宿雁栖湖 [1]

满目馥郁秋意长,
淡云微雨弄月忙。
雁声摇落湖畔梦,
塔影覆面弥八荒。

2022 年 8 月 21 日

雁栖湖印象

登临高塔观天地,
八面玲珑凝熏风。
集贤厅寓九万里, [2]
别墅群应十二辰。 [3]
葳蕤草木灵蝉闹,
日出东方气象蒸。
燕山微澜黛色远,
雁鸣摇落秋兴沉。

2022 年 8 月 21 日

注:
1 雁栖湖,位于北京郊区怀柔城北八公里处的燕山脚下,是以湖面为中心的水陆区域。每年春秋两季,常常有成群的大雁来湖中栖息,故而闻名。
2 集贤厅,为雁栖湖国际会议中心二层的会议大厅。
3 别墅群,指 12 栋国宾别墅。

雁栖湖随想

燕山葱茏倾东南，
长城蜿蜒走边关。
树木掩映有别业，
花草繁盛迷人眼。
八面玲珑耸灵塔，
四方峻峭飞古檐。
溪水淙淙千年湖，
雁声阵阵万里天。

2022 年 8 月 20 日

参观雁栖湖集贤堂

飞檐斗拱汉唐样,
巧夺天工集贤堂。
传统技艺处处在,
时尚元素每每亮。
京华地毯世罕见,
东阳木雕更难双。
八根大柱木包砼,
玄机奇妙惊万方。
量身定制座下椅,
舒心周全礼仪邦。
"经合"组织曾聚首,
"带路"峰会话短长。
君不见振翮扶摇九重天,
人间大道慨而慷。

2022 年 8 月 22 日

参观八面玲珑塔[1]

八面玲珑秀颜容,

雁栖湖畔傲苍穹。

九重圣体自赓续,

四维礼拜众山头。

燕岭逶迤千峰秀,

湖水波澜八面风。

遥对日出东方景,

朝映霞光暮钟声。

夏园花木成其趣,

十二墅群布时空。

曾记否古时长安大雁塔,

穿越千年立怀柔。

2022 年 8 月 22 日

注:
1 怀柔雁栖塔的总高度为 80 米,其中塔身高度为 58.65 米,塔高 79.3 米。雁栖塔位于北京怀柔北京雁栖湖国际会都中心所处大岛西南部突出部位的半岛上,是一座九层的八边形建筑,结构为钢筋混凝土,外观呈现仿木结构。

有感成倬兄送漳盐[1]

漳盐雪白沉甸甸,
成兄话语暖心田。
早起一勺冲服下,
情谊厚似贵清山。[2]

2022 年 9 月 7 日

甘肃省政协「秦文化与中华文明探源」学术会议有感

横空出世秦文明,
特立寰宇惊万庭。
集权一统华夏梦,
颠连坎坷影随行。
立国成势在西垂,
吾侪寻踪探幽微。
他年若得成正果,
陇原俊杰千古情。

2022 年 9 月 1 日

注:
1. 2022 年在兰州,成倬兄送他家乡漳县的井盐,令人感动。
2. 贵清山,位于甘肃省定西市漳县南 72 公里处,被誉为陇中黄土高原最为奇秀的自然风景区,有"小华山""贵清仙境"之称。

兰州逢白露 [1]

今日露白清气长,
金风旦夕暖且凉。
孑然徜徉秋阳下,
街巷依旧瓜果香。

2022年9月7日

无题

莫道金城离别难,
不日高铁归长安。
亲友频邀留吾醉,
此情岂觉白露寒?

2022年9月7日

注:
1 兰州是我生活工作了三十多年的城市,尽管疫情未除,多有不便,但熟悉的氛围、环境令人迷恋。

无题

秋叶涩绿白露时,[1]
闲居金城生相思。
旧年椿萱逢此日,[2]
殷嘱儿女添长衣。

2022 年 9 月 7 日

秋夕感怀

碧虚无云风不来,[3]
素影东上入情怀。[4]
但愿此日少惆怅,
胸中喜乐漫似海。

2022 年 9 月 9 日

注:
1. 白露天已开始有了凉意,独自在外,突然想起父母在时的情景,顿生惆怅。
2. 椿萱,父母的代称。
3. 碧虚,指青天。
4. 素影,指月亮。

无题

碧海青天夜未央,
又是一年祭月娘。[1]
万里玄晖融胸怀,[2]
千树金桂溢清香。

2022年9月9日

中秋前夜师友相聚

天朗气清秋夕至,[3]
风平浪静黄河驰。
明月近人皓辉同,
寥星远空相思起。
借得百合一席宴,[4]
聊表青衿千般绪。[5]
琼杯液满语尽欢,
醉醒三境觥频举。[6]

2022年9月9日

注:
1 祭月娘,指中秋节。
2 玄晖,指月光。
3 秋夕,指中秋节。
4 百合,指兰州天香百合餐厅。
5 青衿,借指学子。
6 醉醒三境,是说"酒醉三分醒,情谈七成浓",比喻情意深厚。

兰州逢秋节[1]

孤影金城皓彩下,
高天长风拂心涯。
人生悲欢知何似?
冰轮圆缺唯玉霞。[2]

2022年9月10日

中秋月

金城恰逢月光诞,
玄烛清晖天宇绽。[3]
千载皋兰峰顶挂,
万古黄河流中颤。[4]

2022年9月10日

注:
1 秋节,即中秋节。
2 冰轮,指月亮。玉霞,心中美好的希望。
3 玄烛,指月亮。
4 后两句是指月亮挂在皋兰山顶,映在流淌的黄河水中月影微微发颤。

仲秋感念 1

嫦娥悔不偷灵药,
广寒寂寞心难老。
世事少有圆满态,
人间烟火常缭绕。

2022 年 9 月 10 日

秋分吟

商信流息须添衣,[2]
节令今日是秋分。
树杪泛黄片片叶,[3]
茅蜩气衰弱弱声。[4]
青虚但见云缥缈,[5]
炁清更觉山幽深。[6]
数番梦里家乡水,
心绪紧随雁阵中。

2022 年 9 月 23 日

注:
1 借嫦娥奔月的故事反其意而用之,是指世上没有十全十美的事,人间烟火气才是最真实的生活。
2 商信,指秋风。
3 树杪,指树梢。
4 茅蜩,又名矛蜩蝉,一种鸣蝉。
5 青虚,指青天。
6 炁,"气"的古字,指天地之精气。

无题

霜草苍苍虫切切，
经数年来阴阳绝。
又是一年寒衣节，[1]
冷月清冽色如雪。

2022 年 10 月 25 日

十月一感怀

漂泊他乡思绪飞，
胸有戚然父母情。
唯愿那边凉意缓，
稍解孩儿惭愧心。

2022 年 10 月 25 日

注：
1 寒衣节，又称"十月朝""祭祖节""冥阴节""秋祭""十月一"，是中国传统的祭礼节日，人们会在这天祭扫烧献，纪念仙逝亲人，谓之送寒衣。寒衣节相传起源于周朝，"七月流火，九月授衣"（《诗经·豳风·七月》），因此寒衣节也被称为"授衣节"。

秦岭二题

库峪晚秋

水清石白山朦胧，
涧幽壑峭坡不同。
风过千林苍且黯，
霜染万树黄复红。

库峪行

山重水复百般景，
终南坡梁秋色凌。
溪声伴着风声远，
红叶映得松叶青。

2022年10月30日

无题

信步唐城遗址园,[1]
暖阳斜照落叶旋。
此景顿觉秋心长,
人生逆旅万里天。

2022年10月31日

走曲江[2]

曲江览景暖阳秋,
斑斓树影镜面秀。
荷叶残立池水央,
小船静横湖中洲。
游人徐疾步道行,
飞鸟高低枝头悠。
微汗身爽抬眼眺,
天高云清望江楼。[3]

2022年10月21日

注:
1. 西安唐城墙遗址公园位于大唐不夜城南500米,是唐代长安城的南城墙所在地,显示了西安和曲江深厚的文化底蕴,成为人与自然、历史与现代、环境与人文和谐共存的理想之地。
2. 曲江池位于西安市南郊,它曾经是汉唐时期一处极为富丽优美的园林,是游春赏景的好地方。
3. 望江楼,是曲江池景区的一座标志性建筑。"望江楼外曲江横,水气苍凉暑气清。"(清·陈尔士《江楼晚眺》)

再走曲江

秋阳斜照透暖意,
曲池微澜泛涟漪。
柳枝经风绿依旧,
柿叶染霜红似霓。
雕塑还原旧时景,
石桩新构仪仗礼。
榭旁残荷不忍睹,
湖中稚鸭尽情嬉。
古代皇家游乐苑,
今朝百姓流连地。
老夫乘兴走一遭,
浑如水边白芦荻。

2022年11月1日

三走曲江

雾气弥绕散清光,
漫步曲江心惆怅。
倏然抬眼终南山,
一峰兀立坐禅样。

2022年11月5日

四走曲江

轻雾淡淡绕湖面,
微雨蒙蒙苍茫间。
曲江亭上人稀踪,
藕香榭畔柳笼烟。[1]
远眺终南山无影,
近听湖中鹅有喧。
天地一片混沌气,
古城初冬未觉寒。

2022年11月10日

注:
1 曲江亭、藕香榭,均为曲江池的景观。

无题

劲风助寒气,
千林枝头疏。
玄冬始发威,[1]
万树已孤木。

2022年11月11日

无题

雾笼清冬日渐冷,
事态难料心欲沉。
事乱须静寻善策,
有谁能做局外人?

2022年11月24日

注:
1 玄冬,指冬天,冬季。

致成兄

京城新元雪花飘,
漫天思绪随逍遥。
老家犹如心头肉,
条缕神魂似烟袅。

春之吟

穹碧低影蓝无畴,[1]
东风拂面弄轻柔。[2]
花木摇曳旧痕散,
眉目清明新光流。

2023年1月29日

注:
1 穹碧,犹穹苍,即天空。
2 轻柔,喻春风轻而柔和。

小年即感

清晨即起去早市,
寒风凛冽呵白气。
身上冷意令人怯,
霾重却愿风加剧。

2023 年 2 月 3 日

立春

太虚极目清爽蓝,[1]
坤灵浑觉柔和暖。[2]
桃仔细枝透红晕,[3]
玉兰骨朵亮绒团。
草色旧态苍下嫩,
春气新萌温中寒。
倏尔东风劲吹时,
千般妩媚万种艳。

2023 年 2 月 4 日

注:
1 太虚,这里指天空。
2 坤灵,大地的美称。
3 桃仔,这里指小桃树。

无题

立春翌日即上元,[1]
天色迷蒙少见蓝。
湖畔柳梢洇鹅黄,
树间寒鸦鸣悠远。
池中坚冰仍凌青,
地上草叶不活泛。
倏然三载如南柯,
世间百态蒙奇演。[2]

2023 年 2 月 5 日

注:
1 2023 年 2 月 4 日立春,2 月 5 日即是元宵节。
2 蒙奇演,喻世间百态像电影蒙太奇手法一样变幻莫测。

返秦随言[1]

卯时起身洗漱完,
打车悻然去车站。
诸事顺遂登高铁,
长路顿觉不胜烦。
巨龙霾里穿行疾,
景物眼中倏尔闪。
邻座絮语世间态,
心情随事荡万端。

2023年2月6日

长相思·乡愁

秦山苍,陇山翠,
颠连阶州万山汇。
白龙入嘉陵。[2]
青丝念,华发恋,
待到归时心方安。
乡愁遥无边。

2023年2月8日

注:
1 是日,吾从北京返西安。
2 "白龙入嘉陵",白龙江是嘉陵江的主要支流。

雨水日龙潭西湖即景

一夜风雨穹昊清,[1]
半日春阳草木欣。
公园小径人影杂,
但闻喘息脚步音。

2023 年 2 月 19 日

京城逢雨水节

洗藻未见雨,[2]
昨夜风声远。
春阳临身舒,
天色极目蓝。
草木萌生气,
原野笼淡烟。
遥想西北地,
白雪满山川。

2023 年 2 月 19 日

注:
1 "穹昊",即穹苍,指天空。
2 洗藻,雨水节气的雅称。

公园行走感怀

东风拂面送清新，[1]
赤轮摇转撒金辉。[2]
柳梢轻摆无新芽，
湖冰消融有残凌。
极目大虚尽湛蓝，[3]
近观花树少苞蕾。
忽觉青春脚步急，[4]
万紫千红天道行。

2023 年 2 月 20 日

二月二有感

雨水浸润春龙节，[5]
万物复苏生气写。
且喜此灵登天日，[6]
葱茏葳蕤遍沃野。

2023 年 2 月 21 日

注：
1 东风，春风。
2 赤轮，太阳。
3 大虚，指天空。
4 青春，指美好的时光，珍贵的年华。
5 春龙节，是二月二的别称。
6 "且喜此灵登天日"，是说"龙抬头"预示着行云布雨的龙将会行于天、降祥瑞。

接孙图 [1]

春日夕阳散余温，
园门列队老妪翁。
微风拂面神态异，
唯有接孙此心同。

2023年2月21日

幼儿园即景

斜阳尚存温，
微风但觉凉。
园门申未尽，[2]
列队已恁长。

2023年2月22日

注：
1 幼儿园门口排队接放学的孙子，成为一道亮丽的风景线。
2 申，申时，下午3点到5点。

仲春有感

惊蛰过后二月天,
红紫黄白万枝妍。
忽然浮尘随风至,
花蒙纤埃生微寒。

2023 年 3 月 12 日

春情

玉兰着意唤苍灵,[1]
桃李斑斓重花影。
小雨轻风春过半,
心绪缤纷看落英。

2023 年 3 月 16 日

注:
1 苍灵,即青帝,是位于东方的司春之神,也是春天的雅称。

闰二月感怀

红黄紫白次第开,
细雨轻灵春气来。
天常有道顺其律,
莫听异言乱心海。

2023 年 3 月 22 日

海宁行

闰二初五天放晴,
春景满目之海宁。[1]
钱塘江北白石坐,
海神庙南鳌塔挺。
乾隆植朴恩心至,
润之题诗豪情劲。[2]
今未见得涛头盛,
观潮愿偿心事平。

2023 年 3 月 26 日

注:
1 之,到的意思。
2 海宁盐关观潮景区有海神庙,内有占鳌塔,靠江边有乾隆手植的朴树,另外有毛泽东题诗的石碑。

海宁观潮

一

盐关二月气象清,
乾隆植朴萌芽新。
天边一线白浪奔,
眼前潮涌声势凌。

二

占鳌塔立数百代,
冷眼溯潮天边来。
震雷鸣鼓忽扑面,
压荏波涛动心海。

2023 年 3 月 26 月

癸卯清明回乡扫墓感怀

细雨柔润脚下土，
仲春渐暖仍有寒。
和风徐徐生龙江[1]，
浓雾层层行南山。
陇蜀胜地显葳蕤，
阶州古城笼轻烟[2]。
岁月易逝人易老，
亲情牵绕绪万端。

2023年4月3日

注：
1 龙江，指白龙江，在武都穿城而过，为嘉陵江支流。
2 陇蜀胜地，武都古称阶州，素有"秦陇锁钥、巴蜀咽喉"和"陇上江南"之称，是甘肃唯一全境属于长江流域的地区。

思念 [1]

天布浓云细飘雨，
旧城山道陡且曲。
严慈寝此十数载，
墓茔风霜东南踞。
叮咛仍似耳畔萦，
笑容还在眼前栩。
君且看坟头蒿草摇孤凄，
无尽思念一束菊。

2023 年 4 月 4 日

注：
1 父母去世后安葬在武都旧城山公墓，面朝东南方向，有巍巍南山耸立，滔滔白龙江川流不息。

雨中夜登越王楼[1]

清明细雨入绵州,[2]
伴友斜风登越楼。
龟山耸峙帝子名,
涪江流过刺史愁。[3]
无愧天地常遗恨,
有益众生终不朽。
纵览世间正邪事,
百般无奈在心头。

2023年4月5日

注:
1 越王楼,位于四川省绵阳市游仙区。初建于唐高宗显庆年间,现为2007年12月续建,为绵阳市主要文化标志。
2 绵州,绵阳古称绵州。
3 龟山、涪江,均为绵阳自然景观。越王楼建于龟山之上,前临涪江水。越王楼是李世民第八子李贞为绵州刺史时所建,李贞为绵州的发展作出了很大贡献,后遭人谗害。

游绵阳富乐山 [1]

一山雄踞涪城东，
富乐阁迎八面风。[2]
漫山绿树多新枝，
临轩花木少枯藤。
三水灵性养其韵，[3]
四时胜景蕴之神。
俯瞰古郡当今颜，
西部硅谷天下闻。[4]

2023 年 4 月 6 日

注：

1. 富乐山，位于四川省绵阳市游仙区，以高、广、秀、雅著称，被誉为"绵州第一山"。
2. 富乐阁，修建在富乐山顶，通高 46 米，楼阁构架与建筑风格均可与武汉黄鹤楼相媲美。
3. 三水，富乐山被涪江、安昌河、芙蓉溪三条江水所环绕。
4. 绵阳是国家批准建设的中国唯一的科技城，重要的国防军工和科研生产基地，素有"西部硅谷"的美誉。

晓行三江河边

桃花岛畔三江河,[1]
晴雨绕涪千载波。
树间苇丛鸟鸣欢,
放眼耸峙富乐阁。

2023年4月7日

鸟岛[2]

隔水禁足中脊岛,
葱郁似在水上漂。
忽然扑喇众鸟惊,
鸣声一片竞妖娆。

2023年4月7日

注:
1 桃花岛,地处涪江、安昌河、芙蓉溪汇口下游的三江江心,平面呈三角形,视野开阔,风光优美,与富乐山遥相对望。
2 鸟岛,即中脊岛,位于绵阳城南郊区,三江中的一个孤岛,树木葱茏,是各种鸟类汇聚之地,禁止人登岛。一旦受惊,万鸟翻飞,蔚为壮观。

在北京遇沙尘天

天地弥敦日色昏,[1]
香花新叶尽蒙尘。
东风应唤春景明,
卷土而来愁煞人。

2023 年 4 月 11 日

无题[2]

暮春暖渐盈,
公务急相催。
入眼金陵绿,
开心江南情。

2023 年 4 月 19 日

注:
1 弥敦,更加的意思,表示加强或强调。
2 2023 年 4 月 12 日,接任务去南京,此为当时情境、心境也。

金陵怀古

三月流连石头城,[1]
万里扬子似凝神。
曾经六朝故国梦,[2]
烟雨空蒙妄自愁。

2023 年 4 月 19 日

南京之无锡

莺飞草长三月天,
金陵梁溪数念间。[3]
辗转腾挪寻常事,
换得一地开新篇。[4]

2023 年 4 月 20 日

注:
1 石头城,南京的别称。
2 六朝,指的是在南京建都的东吴、东晋和南朝的宋、齐、梁、陈政权。
3 金陵,南京的古称。梁溪,无锡的古称之一。
4 后两句是指从南京乘高铁去无锡,辗转腾挪数念间即可成行,我们的工作任务到无锡之后就翻开了新的一页。

新吴晓思[1]

清晨鸟鸣爽心神,
红稀绿厚万千重。
蠡湖依旧碧波漾,[2]
不见陶朱与佳人。[3]

2023年4月20日

注:
1. 新吴,无锡的古称之一。
2. 蠡湖,又名五里湖、漆湖,是太湖伸入无锡的内湖,位于无锡西南郊,湖的"蠡"名,传说与春秋战国"范蠡与西施"有关。
3. 陶朱,陶朱公,即范蠡,被后人尊称为"商圣",恭奉为"文财神",他自号"陶朱公"。佳人,指西施。越灭吴后,范蠡以勾践难以共安乐,便挂冠不辞而别,改名易姓,漂过太湖,隐居在宜兴丁山一个叫台山的小村子里,即今蠡墅村。《越绝书》云:"吴亡后,西施归范蠡,同泛五湖而去。"

感怀

金匮物华有吴钩,[1]
万般神通演春秋。
湖光山色映形迹,
范蠡西施泛轻舟。

2023 年 4 月 20 日

去高铁站之徐州[2]

断续清霖断续风,
三月微寒不觉春。
夜行虎踞龙盘地,
万家灯火烟雨中。

2023 年 4 月 23 日

注:
1 金匮,无锡的古称。吴钩,一种弯形的刀,相传为吴王阖闾所做,后泛指锋利的宝刀,也成为驰骋疆场、励志报国的精神象征。
2 这是去南京南站时的所见所感。

驻马坡感怀 1

驻马坡头曾远眺,
金陵形胜王气高。
神妙诸葛今何在?
武侯祠堂空寂寥。

2023 年 4 月 23 日

鬼脸魅影 2

石头城上白云归,
奇形嵌墙映霞晖。
本是一方自然状,
却变鬼脸横翠微。

2023 年 4 月 23 日

注:
1 驻马坡,据传说,诸葛亮在出使东吴途中,途经秣陵石头山(今南京清凉山),在此驻马观望秣陵的山川形势,并赞叹其"钟山龙蟠,石头虎踞,真乃帝王之宅也"。后世称诸葛亮驻马处为"驻马坡"。
2 石头城位于南京市鼓楼区石头城公园内,因园内古城墙中段一块凸出的椭圆形红色水成岩,长年风化,酷似一幅狰狞的鬼脸,故被称为"鬼脸城"。

彭城印象[1]

云龙山头放鹤亭,[2]
湖水清粼汉风情。
半城青峦透古韵,
一湾碧波漾新灵。

2023 年 4 月 24 日

注:
1 彭城,徐州的古称。
2 云龙山,位于徐州市城南,又名石佛山,山分九节,蜿蜒起伏,状似神龙,昂首向东北,曳尾于西南。名字的来历,大体有六种,有史载,亦有民间传说。放鹤亭,为彭城隐士张天骥所建。张自号"云龙山人",苏轼任徐州知州时与其结为好友。山人养了两只仙鹤,每天清晨在此亭放飞仙鹤,亭因此闻名。元丰元年(1078 年)秋,苏轼写了《放鹤亭记》,因此文脍炙人口,被选入《古文观止》,云龙山和放鹤亭也因此闻名于世。

谒淮海战役烈士纪念塔[1]

凤凰山上淮塔耸,
天蓝云白鲜花红。
领袖大略决胜负,
人民小车转乾坤。[2]
忠勇子弟千古名,
雄才战神万世功。[3]
龙湖曾揽戊子月,[4]
彭城常忆粟将军。

2023 年 4 月 25 日

注:
1 淮海战役烈士纪念塔,位于江苏省徐州市凤凰山东麓,为全国重点烈士纪念建筑保护单位,入选"第二批中国 20 世纪建筑遗产"名单。
2 淮海战役是以毛泽东同志为首的书记处作出的战略决策,而战役的胜利是"人民用小车推出来的"。
3 雄才战神指粟裕,他为淮海战役的胜利作出了巨大贡献,至今徐州人民依然对他赞佩不已。
4 淮海战役发生在农历的戊子年,所以说"龙湖曾揽戊子月"。

校园晓行 [1]

清晨入小径,
频闻鸟啼音。
朝曦透树林,
斑影如画新。

2023 年 4 月 26 日

敦敦归京时 [2]

孙儿兴高频撒欢,
"兵器"在手威仪显。[3]
听得午时将归京,
情态落寞坐凳前。

2023 年 5 月 3 日

注:
1 这是在江南大学晨起散步时所见所闻。
2 敦敦,吾之外孙,五一节随父母到西安看我们。这是将要返回北京时的场景。
3 "兵器",塑料刀枪之类的玩具。

立夏日

闰年已然三月中,[1]
朱明不与往时同。[2]
淅沥清雨霁复落,
着衣才减又上身。

2023年5月6日

游惠山古镇[3]

荫庇鳞次古建群,
龙头河水洗风尘。
陈年旧事铺绣嶂,[4]
岁月生香云烟腾。

2023年5月9日

注:
1 三月,指农历三月。
2 朱明,指立夏节。
3 惠山古镇,位于江苏省无锡市梁溪区西部,其历史可追溯至南北朝时期建成的惠山寺,唐代和明清时期在寺旁建有园林、祠堂,形成惠山古镇。
4 绣嶂街是惠山古镇的主街道,古镇的历史也在这里铺陈。

二泉[1]

一汪寒晶出惠山,[2]
活水细流第二泉。
清甜绵柔百味在,
澄澈方圆双池连。
陆羽尝水称榜眼,
东坡试茶呼乳仙。
阿炳操琴叹红尘,
曲奏映月悲人间。[3]

2023 年 5 月 10 日

注:
1 二泉即惠山泉,相传唐代陆羽亲品其味,称为"天下第二",故一名陆子泉,经乾隆御封为"天下第二泉",宋代苏轼于熙宁年间,"独携天上小团月,来试人间第二泉",他品饮后连声赞妙,并把泉水比作乳水,告诉人们"乳水君当飨惠泉"。
2 寒晶,喻指清澈的水。
3 阿炳的名曲《二泉映月》写尽了人间悲苦,也使二泉声名更隆。

无题 [1]

渴饮太湖水,
香食金陵鸭。
吴越灵秀地,
金匮清凉夏。
湖光山色新,
白墙青瓦华。
江南三月天,
绿野辽无涯。

2023 年 5 月 10 日

注：
1　此诗是吾奔波于南京、无锡间时的感念。

惠山寺[1]

古寺千年居惠山,
坎坷百般始得安。
卧听松声石床奇,
转览经幢姿态繁。
银杏不语六百载,
金莲有形千余片。
僧邀我等禅堂坐,
清茶入喉润心田。

2023年5月11日

注:

1 惠山寺,又称"慧山寺",初为"历山草堂",始建于南北朝,南朝宋景平元年(423年)被改建为佛教场所,于唐大中至咸通年间(847—874年)改称"惠山寺"。其石经幢,听松石床,六百年银杏树,金莲池等景致,令人流连忘返。

寄畅园[1]

惠山东麓寄畅园,
奇巧秀雅傲江南。
七星桥上静洗心,
八音涧里顿悟禅。
窍石墙起九狮台,
凌虚阁伸鹤步滩。
山色溪光帝王题,[2]
凤谷行窝自在欢。[3]

2023 年 5 月 11 日

注:
1. 寄畅园,又名凤谷行窝、凤谷山庄、秦园,位于无锡市梁溪区惠山古镇的惠山东麓惠山横街,毗邻惠山寺,始建于明正德十五年(1520 年),兴盛于明万历至清康乾年间,是江南地区山麓别墅式古典园林,私家园林的集大成者。
2. "山色溪光"是康熙皇帝题写的,它形象地概括了园内的景色。
3. "凤谷行窝"这个名字的由来与园子的建造者无锡秦氏家族的秦金有关。园名中的"凤谷"象征着园子的归属。而"行窝"一词,源自《宋史·邵雍传》,意指可以小住的安适之所,反映了秦金希望在这里安享晚年的愿望。

惠山古镇祠堂[1]

古镇好景祠堂阵，
龙河两岸缀星辰。
飞檐天井看精巧，
白墙青瓦显尊崇。
实业先河杨藕芳，
忧国后乐范文公。
一众宗祠传正道，
百代兴衰醒世钟。

2023 年 5 月 12 日

注：
1 惠山古镇祠堂，始建于南北朝时期，位于无锡市惠山东麓，东西长 842 米，南北宽 428 米，历史上自唐、宋至民国末期，共有记载的祠堂及祠堂建筑物总数在 120 处以上。
惠山祠堂分布密集成群，其亭、台、楼、阁、寺、园、桥、榭，以及戏台、古树名木等一起构成了祠堂群的总体建筑形貌，依山傍水临泉，风景优美，符合中国的风水观念，高低错落，次第相接，无一相同，是中国耕读文化向近代工业文明发展过渡的特殊条件下，在无锡惠山这个特定的人文与自然环境里所形成的特殊的祠堂建筑文化的产物。

惠山古镇感怀[1]

惠山脚下古建群,
龙头溪水走西东。
陈年故事铺绣嶂,
新岁鲜闻迭代呈。
映山湖面波似梦,[2]
龙光塔顶霞抹红。[3]

2023 年 5 月 13 日

注:
1. 惠山古镇是一个集自然、人文景观为一体的文化底蕴非常深厚的地方,龙头溪、绣嶂街、映山湖、龙光塔令人神往。
2. 映山湖是由古时的"秦皇坞"改成的 1.4 万平方米的人工湖,清澈如镜的水面使锡、惠两山的景色融为一体,翠峰、古塔、秀亭倒映湖中,体现出水因山幽,山因水活的美妙情趣。
3. 龙光塔处于锡山山顶,始建于明万历二年(1574 年),明万历四年获名"龙光塔"。龙光塔为七层八角楼阁式砖塔,塔高 31.29 米,塔身为梵红色,夜晚可发出光亮;塔顶有铜葫芦,上刻有铭文。龙光塔是无锡古代科举兴旺的象征,被奉为无锡文风的"风水塔",也是 1949 年以前无锡最高的建筑。

谒雨花台烈士陵园[1]

聚宝门南雨花台,
三岗之巅丰碑举。
十万英灵魂安处,
九天泪飞降花雨。
忠诚只因为黎庶,
信仰何惧献身躯?
维夏时节怀先贤,[2]
浩气如风凌太虚。

2023年5月13日

注:
1. 南京雨花台烈士陵园,位于城南中华门外一公里处。新民主主义革命时期,有一大批共产党人和爱国志士,为了民族解放、民主自由,英勇牺牲在雨花台。新中国成立后,为了缅怀先烈,寄托哀思,继承和弘扬革命精神,兴建了这处烈士陵园。
2. 维夏,指农历的四月,出自《诗经·小雅·四月》中的"四月维夏,六月徂暑。"

长夏见故人 [1]

岁月匆匆流经年,
金陵此夜相见欢。
珍馐满桌寻旧味,
香茶一杯品新鲜。
容颜沧桑神韵在,
声音厚重气定闲。
往事今态娓娓道,
唯愿体健心又安。

2023 年 5 月 13 日

感念

四月有幸临邹城,[2]
穿堂走过礼义门。
家育千年有仉氏,[3]
母教天下第一人。

2023 年 5 月 19 日

注:
1　长夏,指夏日。
2　邹城,山东省辖县级市,由济宁市代管。邹城是国家历史文化名城,也是孟子的故里,素有"孔孟桑梓之邦,文化发祥之地""东方君子之国,邹鲁圣贤之乡"的称誉。
3　仉(Zhǎng)氏,孟子的母亲,以教子有方著称,留下了"孟母三迁""断机教子"等家喻户晓的佳话。

孔庙随想[1]

满园古柏气森然,
雕梁画栋沧桑颜。
十数龙碑帝王心,[2]
百尺宫墙至圣范。[3]
金声玉振万世表,[4]
太和元气千仞天。[5]
棂星门中杏坛在,[6]
仁礼大道势悠远。

2023年5月21日

注:
1. 孔庙,位于曲阜市中心,是祭祀中国古代著名思想家、教育家孔子的祠庙。共有九进院落,左右对称,布局严谨,梁思成称其为世界建筑史上的孤例。
2. 孔庙十三碑亭,始建于唐代,元代添建2座,清代又增9座,碑文多是皇帝对孔子追谥加封、拜庙新祭、派官到祭和整修庙宇的记录。
3. "宫墙"句,源自《论语·子张》,子贡曰,"譬之宫墙,赐之墙也及肩,窥见室家之好。夫子之墙数仞,不得其门而入,不见宗庙之美,百官之富"是说孔子的才能高深莫测。
4. "金声玉振"的典故源自孟子对孔子的赞誉,象征孔子思想集古圣先贤之大成。
5. 太和元气,是指孔子思想体现了整个人类思想最精华、最高贵的一面,达到一种至高无上的境界。
6. 棂星门,中国传统古建筑名。古代传说棂星为天上文星,以此命名意味着孔子为天上星宿下凡,象征着孔子可与天上施行教化、广育英才的天镇星相比。杏坛是为纪念孔子讲学而建,它是孔子教育光辉的象征。

小满[1]

此日适逢半阴晴,
心念落雨未见行。
客居江南四月天,
浓荫薄雾笼金陵。

2023 年 5 月 21 日

注:
1 小满,二十四节气中的第八个节气。小满中的"满",指雨水之盈,在北方地区多指小麦灌浆的饱满程度。

秦淮夜行 [1]

新月柔姿挂中天，
旧墙暗身秦淮边。
难觅桨声欸乃音，
唯见灯影霓虹颜。
浅酌微醉隐逸吧，
驻足小憩水街店。
客妇素裙倚轩窗，
彩雾轻绕人间仙。

2023 年 5 月 23 日

雷珍民书法艺术馆揭牌 [2]

天低云暗平野长，
雾霈携风入合阳。[3]
雷公德艺润桑梓，
一片文心呈万祥。

2023 年 5 月 27 日

注：
1 秦淮河，古称龙藏浦，是南京市最大的地区性河流，孕育了南京的古老文明，历史上极负盛名，被称为"中国第一历史文化名河"。
2 雷珍民，陕西合阳人，高级工艺美术师，曾任陕西省书法家协会主席，是一名德艺双馨的著名书法家。2023 年，在其家乡合阳建了雷珍民书法艺术馆，雷公向艺术馆捐赠了自己的书法精品数百幅。
3 雾霈，此处指大雨。

同学兰州聚会有感 1

人间最美四月天,
金城再聚相见欢。
沧桑写意染华发,
举觞笑语仍少年。

2023 年 6 月 4 日

同学相聚感怀 2

癸卯四月金城新,
钱塘历城同学归。
情意绵绵细雨润,
心绪汤汤大河垂。
执手相对话往今,
推杯面命融智慧。
曾经风尘难再少,
自有幽怀任我辈。

2023 年 6 月 4 日

注:
1 农历四月,济南和杭州的四位同学去兰州,和在兰同学相聚,人入暮年,同学情愈益浓烈。
2 此次同学聚会,我本来是约好了要去参加的,却因航班延误而未能成行,遂作此诗记之。

徐州感怀[1]

山围古城看翠微,
水缀彭邑显清灵。
石狗湖畔垂柳排,[2]
云龙山头招鹤临。[3]
千秋英雄凌烟阁,
万世功业在庶民。
浩瀚历史变无穷,
天道荡荡自在行。

2023年6月11日

注:
1 徐州,古称彭城,原始社会末期,帝尧时彭祖建大彭氏国,是江苏境内最早出现的城邑。历史上为华夏九州之一。
2 石狗湖,即云龙湖,位于徐州市泉山区,最早形成于北宋。
3 云龙山,又名石佛山,位于徐州市城南,是一座自然风光和人文景观相得益彰的名山。历史上许多名人都曾登临此山,留下许多名篇佳话。

无题

七二苍苍绕翠微,
斗星粼粼缀性灵。[1]
彭园静叙远古事,
戏马台蕴楚王情。[2]

2023年6月11日

戏马台

拔山盖世一代雄,
克秦斗季势如虹。
细思兴亡天下事,
戏马台迎八面风。

2023年6月11日

注:
1 徐州城被72座山环绕。徐州城中有7个湖,因谓"斗星"。
2 彭园乃为纪念彭祖所建之公园。戏马台,是徐州现存最早的古迹之一。公元前206年,项羽灭秦后,自立为西楚霸王,定都彭城,于城南的南山上,构筑崇台,以观戏马,故名戏马台。

戏马台怀古

晴日拾级登崇台,
万千思绪漫心怀。
灭秦愤王能盖世,[1]
兴汉沛公善用才。
项庄舞剑鸿门错,
霸王别姬垓下哀。
烟尘散尽楚天阔,
大风起兮云飞来。

2023年6月12日

注:
1 愤王,指项羽。《梁书·萧琛传》载:"(琛)迁吴兴太守。郡有项羽庙,土民名为愤王,甚有灵验"。

户部山幽思[1]

彭邑开城越千年,
大河数度溺桑田。
官府迁衙南山近,
豪门建宅黄泛远。
形立参差鸳鸯楼,
鳌占里外状元匾。
曾经戏马台下草,
风中摇曳向天边。
贤愚千载今何在?
长风依旧万里天。

2023年6月14日

注:

1. 户部山,位于徐州古城之南,又称南山。作为"千古繁华地,徐州不夜城",历史上曾有"穷北关、富南关,有钱都住户部山"的俗语。户部山也是科举文化、帝王文化、商业文化、军事文化、建筑文化、地方文化、民俗文化的汇集地。尽管官宦云集、会馆云聚已成为过去,但车水马龙、人流熙熙、一派繁华景象延续至今。

忆东坡[1]

时近仲夏天欲热,
云龙湖畔南山侧。
常忆东坡治彭城,
筑堤抗洪招放鹤。[2]

2023年6月15日

注:
1. 苏东坡于熙宁十年(1077年)春徙知徐州,两年时间,他带领徐州人民治洪水,抗旱灾,挖煤炭……创下了辉煌业绩。"古彭州官何其多,千古怀念唯苏公",这是徐州人民对于苏轼任职徐州最好的评价。
2. 放鹤亭,建于云龙山上,为彭城隐士张天骥所建。距放鹤亭南20米,饮鹤泉南10多米处,还有一座建在高耸之处的小亭招鹤亭。放鹤乃喻招贤士也。

无题 [1]

千年汨罗冤犹在,
竞渡招魂释情怀。
屈子忌日临中夏, [2]
艾束蒲粽榴花开。

2023 年 6 月 16 日

吊屈原

灵均殒身逾千载, [3]
修远求索未敢衰。
汨罗竞渡万舟发,
屈子冤魂何处来?

2023 年 6 月 16 日

注:
1 这是端午节前写的一首纪念屈原的祭奠诗。
2 中夏,夏季之中,指农历五月。
3 灵均,屈原字灵均。

雨中游栖霞寺[1]

细雨微风中夏天,
栖霞山寺翠无边。
八角五级舍利塔,
无量三圣千佛岩。
眸观众生明镜湖,
檐飞摄岭毗卢殿。
情无挂碍须修心,
且待红叶化云烟。

2023 年 6 月 17 日

注:
1 栖霞寺,位于南京市栖霞区栖霞山中峰西麓,又称栖霞古寺,始建于南齐永明二年(484 年),迄今已有 1500 多年的历史,是中国四大名刹之一,佛教"三论宗"的祖庭,在中国佛教史上具有重要地位,是南北朝时期中国的佛教中心。舍利塔、千佛岩、明镜湖、毗卢殿均为栖霞寺名胜,栖霞红叶名满江南。

趣悟 1

仲夏微雨心爽然,
走进栖霞欲悟禅。
僧人素餐说福报,
顿觉地阔天悠远。

2023年6月17日

栖霞遐想

由人及寺再名山,[2]
栖霞雄踞扬子边。
三论祖庭立佛界,
枫叶红时境如仙。

2023年6月17日

注:
1. 栖霞寺管事请我们吃素餐,席间说起因果福报等禅理,令人有茅塞顿开之感。
2. 栖霞寺的前身是平原居士明僧绍隐居时居住的"栖霞精舍",明洪武二十五年(1392年)重建,赐额称栖霞寺。栖霞山原名摄山,因栖霞寺而得名"栖霞山"。所以说"由人及寺再名山"。

栖霞寺印象

古刹六朝建，
世间阅千年。
重宝舍利塔，
雄伟毗卢殿。
一面明镜湖，
三圣千佛岩。
遥对燕子矶，
近邻长江边。
倚靠凤翔峰，
东西龙虎山。
曾经天子睐，
明碑高宗刊。
秋来金风起，
枫叶红漫天。
欲登藏经楼，
先饮品外泉。
三论祖庭在，
佛界名斐然。
雨中细瞻谒，
静心增福缘。

2023 年 6 月 17 日

寺·山·栖霞

六朝名刹立摄山，
冠绝东南气不凡。
一面明镜悬寺门，
千尊佛陀临外泉。
毗卢大殿踞似虎，
舍利石塔傲向天。
依势步步开莲花，
金风飒飒燃红丹。

2023年6月18日

栖霞寺感念

烟笼翠微细雨斜，
石塔瘢损岁月劫。
明镜湖面影摄岭，
暮鼓槌落声四野。

2023年6月18日

感怀

时至炎热夏至前,
却是多日雨涟涟。
湿闷加身恁不适,
恰逢江南梅雨天。

2023年6月18日

游鼋头渚[1]

入梅劲雨一时歇,
太湖苍茫间明灭。
鼋头渚上黄连树,
千载兴衰观吴越。[2]

2023年6月19日

注:
1. 鼋头渚位于江苏省无锡市大浮镇,是太湖上的一个小岛,鼋头渚既有山长水阔、帆影点点的自然山水画卷,也有小桥流水、绿树人家的山乡田园风光和典雅精致、古朴纯净的江南园林景致,更有历代文人雅士游踪、石刻、书画、传说等诸多内涵深厚的文化积淀。
2. 鼋头渚头的黄连树,历经沧桑,见证了人世间的兴衰哀乐。

在江南大学遇暴雨

天色突暗灰茫茫,
白雨跳珠噼啪响。
风助雨势万般疾,
校园一时成汪洋。

2023 年 6 月 19 日

太湖吟

入梅翌日临五湖,[1]
烟波浩渺吞越吴。
心随山水觅旧景,
难见点点白帆鼓。

2023 年 6 月 20 日

注:
1 入梅,即进入梅雨天。五湖,太湖的别称。

太湖仙岛凌霄宫

大矶岛南凌霄宫,[1]
无上仙境烟波中。
妙多玄真身濡道,
天开画图至虚空。

2023年6月21日

趣记文昌殿[2]

一座宫阙居仙岛,
万顷碧波观缥缈。
文昌殿上耀曲星,
保护神中找生肖。[3]

2023年6月21日

注:
1. 大矶岛,太湖中最高的一个岛。当地围绕道教文化建成了太湖中独特的道教场馆。
2. 文昌殿,供奉的是道教神仙系统中的文昌帝君,即文曲星。
3. 文昌殿墙壁上对应十二生肖,人们可以根据自己的生肖,去寻找自己的保护神。

宝鸡之天水

陈仓秦城一山连,[1]
众岭蜿蜒百洞穿。
车中稚儿频喧闹,
少趣行程顿有欢。

2023年6月22日

夜宿南郭寺[2]

游走秦州逢端阳,
恰遇大典祭羲皇。[3]
夜憩遥想古今事,
南郭寺里一客房。

2023年6月22日

注:
1. 陈仓,宝鸡的古称。秦城,指天水。"一山连"指宝鸡和天水都依托秦岭山脉。
2. 南郭寺,位于甘肃省天水市秦州区,为陇右第一名刹。南郭寺在唐代已有相当规模,有天王殿、钟鼓楼、禅林院、关圣殿、杜少陵祠、北流泉等名胜,另有"唐槐汉柏",黛色参天,虬枝冲霄。
3. 公祭伏羲大典即祭拜人文始祖伏羲氏所进行的典礼,每年6月22日在甘肃省天水市举行。

南郭寺印象

夏至日影长,
龙城逢端阳。[1]
夜宿南郭寺,
寂静闻虫响。
清晨出院门,
尽嗅花草香。
拾级登慧音,[2]
满目葳蕤象。
男女老幼众,
笑语心欢畅。
手持艾柳枝,
驱邪求安康。
及至山寺门,
古槐拱侧旁。
停步细端详,
牌匾大气场。
寺名朴老题,
雍容又大方。
里挂第一山,
借字米元章。[3]
进得寺主院,
宝殿居其上。
斜卧春秋柏,
枝干透沧桑。

二千五百岁,

阅尽世衰昌。

边有百年槐,

虬枝瑞兽样。

院中多良木,

胜似群花芳。

清渠北流泉,

滋润古城壤。

千载流不息,

盛名传四方。

岁月驹过隙,

世道变无常。

君不见此境唯有山顶寺,

声声钟磬响悠扬。

2023年6月22日

注：
1. 龙城：天水因为是人文始祖伏羲的诞生地，而被称为"龙城"。
2. 慧音，即慧音山，又名会应山。慧音山是太阳山的一条支脉，位于天水市区南郊，民间称它为"福德智慧"之山。"慧音"一词原是佛家语，有启迪智慧开蒙先导之意。南郭寺就坐落在慧音山上。
3. 南郭寺寺名牌匾为赵朴初先生所题。寺门里挂的"第一山"牌匾是借用米芾的字所制。

秦州逢节 [1]

夏至端午接踵来,
秦州登高抒情怀。
北流泉响清冽水,
南郭寺卧春秋柏。
一年光影今最长,
百样习俗此难改。
龙城煊赫祭伏羲,
千门万户挂冰台。[2]

2023 年 6 月 22 日

花桥印象 [3]

山峦叠翠青未了,
十盘百转进花桥。
清流潺湲村容新,
千年菩提凌碧霄。

2023 年 6 月 23 日

注:
1 秦州,天水及陇南东北部地区古时称"秦州"。
2 冰台,即艾草。
3 花桥村,位于甘肃省陇南市康县长坝镇,先后被授予"中国茶马古道文化艺术之乡""中国乡村旅游模范村""甘肃省乡村旅游培训基地"等称号。花桥村"望得见山,看得见水",有清秀旖旎的田园风光,特色的民俗风情。村中有一棵千年菩提树,枝繁叶茂,高大挺拔。

游玄武湖[1]

溽蒸热濡五月天,
百般胜景频入眼。
容颜不比西湖逊,
盛名总是不占先。

2023年7月1日

毗陵有感[2]

仲夏丽日之常州,[3]
无边光景一眼收。
长荡湖映万里天,[4]
中吴要辅千载悠。[5]

2023年7月5日

注:
1 玄武湖,又称后湖、北湖,位于江苏省南京市玄武区。东枕紫金山,西靠明城墙,北临南京站,南倚覆舟山,是江南三大名湖之一,被誉为"金陵明珠",具有深厚的文化意蕴和秀美的自然风光。
2 毗陵,常州的古称。
3 之,到的意思。
4 长荡湖,又名洮湖,系古太湖分化湖之一。长荡湖风景如绣,皓月如银,湖边芦苇丰茂,岸上芳草萋萋。总面积为13万亩。
5 中吴要辅,1908年,沪宁铁路建成,常州处于中点,交通更为便捷,地理位置更加重要,遂有"中吴要辅"之誉。

河海大学常州校区

华水新驻洮湖畔,[1]
天远地阔翰林苑。
园中尽透河海魂,[2]
真假波光竞潋滟。[3]

2023 年 7 月 5 日

注:
1 华水,即河海大学,其前身为华东水利学院,简称"华水"。
2 河海大学常州校区的设计建造,极具河海大学精神风格。
3 真假波光,校园中人工湖的波光和建筑物所展现的"波光"构成了一幅"水光潋滟"的奇幻景象。

参观华罗庚纪念馆[1]

仲夏时分到金坛,
拜谒华老立尊前。
枝笔张纸显奇才,
数学星空耀庚颜。[2]

2023年7月6日

注:
1. 华罗庚纪念馆,位于华罗庚的家乡江苏省常州市金坛城南风景区。华罗庚是当代自学成才的科学巨匠,他开创了中国数学学派,并带领其达到了世界水平。国际上以华氏命名的数学科研成果有"华氏定理""华氏不等式""华-王方法"等。早期他用一支笔,一张纸进行研究,展示了其非凡的数学才能,被人们誉为"数学奇才"。
2. 2020年7月28日,国际天文学联合会批准,将364875号小行星,正式命名为"华罗庚星",这说明华罗庚对数学界的杰出贡献和对中国科技发展的卓越贡献得到了世界的高度认同。

再到江南大学[1]

溽暑五月临梁溪,[2]
水色连天映翠绿。
五湖浩气吞吴越,
名校俏然立太虚。[3]

2023 年 7 月 6 日

感怀

吴越当年演春秋,[4]
蠡湖曾载西施愁。
而今一枝独秀花,
江南大学立鼋头。[5]

2023 年 7 月 7 日

注:
1 江南大学,坐落于江苏省无锡市,是教育部直属的全国重点大学,食品学科位列全球第一。
2 梁溪,无锡市的古称之一。
3 太虚,谓宇宙,此处指天地间。
4 首句是指吴越争霸,即历史上春秋时期,吴越两国互相征战的一段史实。
5 鼋头,即鼋头渚,这里代指太湖。也有江南大学独占鳌头的意思。

江南逢小暑[1]

溽热裹身至，
恰逢小暑来。
叶喧雨先觉，
山暗雷已开。
窗前香红蕖，[2]
屋后淡绿苔。
入门空调劲，
卧床梦境呆。

2023 年 7 月 7 日

注：
1. 小暑，二十四节气之第十一个节气，"暑"是炎热的意思，小暑为小热，民间有"小暑大暑，上蒸下煮"之说。
2. 红蕖，古时称已开放的红色荷花为"红蕖"。

小暑有感[1]

小暑今日初炎阳,
温风渐盛蟋蟀藏。[2]
近池清香生芙蕖,
远山岚气绕宝芳。
风动水光吞远峤,[3]
雨增青霭没近嶂。[4]
尽目稀见太湖帆,
心随波影凌虚翔。

2023 年 7 月 7 日

注:
1. 这是吾在无锡时恰逢小暑所作。
2. 小暑时,"温风至",即所有的风中都带着热浪。"蟋蟀居宇",即蟋蟀藏。
3. "风动水光吞远峤",借用了唐代诗人马湘《登杭州秦望山》中的句子。峤,山尖而高,或指山道。水光,指水面映现出的光色。
4. 青霭,指云气,因其色紫而称之为"青霭"。嶂,形状像屏障的山峰。

无题

连做数日吴都客,[1]
溽蒸难耐不得乐。
今次振翮西行去,[2]
却逢秦地别样热。[3]

2023 年 7 月 8 日

注:
1 吴都,此处泛指江南。
2 振翮,乘飞机返回西安。
3 "却逢"句,逢西安高温,但西安的热和江南的热却不同,所以说"别样热"。

贺中国-中亚共同体"一带一路"高质量建设高端论坛举办

桐荫蔽道花满架,
热浪扑面临伏夏。[1]
汉苑今庠群贤至,[2]
纵横捭阖说中亚。

2023年7月9日

注:
1 伏夏,指夏季最炎热的时期。
2 陕西师范大学长安校区,旧为西汉皇家狩猎场"上林苑",故曰"汉苑今庠"。

入伏天在徐州[1]

三庚之日夏始酷，[2]
天地犹似炼丹炉。
一碟美味伏羊肉，[3]
神接彭祖入远古。[4]

2023年7月11日

注：

1. 入伏，指进入"三伏"的意思。
2. 三庚，民谚"夏至三庚数头伏"，历书规定："夏至三庚便数伏"，意思是说，从夏至开始往后数，数到第三个"庚日"便开始入伏了，这里的"庚日"是指古代干支纪日法带有"庚"字头的那一天。
3. 伏羊，即入伏的羊肉。"伏天吃伏羊"在江苏徐州地区有悠久历史。徐州"彭祖伏羊节"是江苏省级非物质文化遗产。
4. 彭祖，道教神仙之一，曾受尧封于彭城，年享高寿，其道堪祖，故后世尊称为彭祖。徐州地区普遍有食羊之习俗，彭祖创造的"羊方藏鱼"正是那个时代羊莱烹饪技艺的升华。后来人们在入伏第一天吃羊肉，表示对彭祖创造美食的纪念。

夜游徐州泉山森林公园[1]

伏日热蒸赤似焰,
向晚漫步走森园。
灯下影动竹枝摇,
杪头声疾蛁蟟喧。[2]
树深叶繁藏静谧,
坡缓路弯听隐泉。[3]
谈天说地三人行,
不经意间悠然还。

2023 年 7 月 11 日

注:
1 徐州泉山森林公园,位于市区南郊。泉山是由五座山峰组成,又称"五老峰",为彭城第一山。
2 蛁蟟,蝉的一种。
3 隐泉,泉水隐在乱石中流淌,只闻其声不见其形,谓之"隐泉"。

矿大校园遇雨[1]

喝罢入伏鲜羊汤,
连日炎蒸盼阴凉。
树头雨声送清冽,
满园草气胜花香。[2]

2023 年 7 月 13 日

离徐返秦

昨雨今暾再骄阳,[3]
行前一碗伏羊汤。
六之彭城思千载,
灭秦兴汉是羽邦。[4]

2023 年 7 月 14 日

注:
1. 矿大,即中国矿业大学,位于徐州市,是教育部直属的全国重点大学。
2. 草气,因数日阳光暴晒,遇雨后,地表热气蒸腾,草香弥漫,令人舒爽。
3. 暾,刚升起的太阳,形容日光明亮温暖。此处是说雨过天晴。
4. "六之彭城"两句:因工作原因,2023 年 4 月至 7 月,已六次到徐州,思绪数度到千年前。也感叹灭掉秦国和兴盛汉朝的是与徐州有关的项羽和刘邦。

随感

苏地辗转襄主题,[1]
日月推迁九夏易。[2]
五校行业称翘楚,[3]
六进庠园有惊喜。[4]
重要任务同题答,
常规工作异彩起。
今时远去成过往,[5]
天各一方心存谊。

2023 年 7 月 14 日

注:
1 苏地,指开展工作的江苏三地:南京、无锡、徐州。
2 九夏,夏季,夏天。
3 五校,指河海大学、南京农业大学、中国药科大学、江南大学、中国矿业大学。这五所高校都是行业里最好的学校。
4 六进,因工作原因,先后六次分别进入这五所高校。
5 "今时远去"两句,指工作结束,这一切都将成为过往;虽然天各一方,但建立的工作友谊、朋友情谊却长留心中。

二伏夜雨复烈日[1]

炎蒸日甚入中伏,
夜半风雨射浮土。[2]
晓起地上残枝叶,
午时已然成干枯。[3]

2023 年 7 月 21 日

注:
1 二伏,夏至后的第四庚日,俗称中伏,其气候特点是高温高湿。
2 射浮土,意为雨急风骤,直射地上,土气蒸腾。
3 "晓起"两句:晚上疾风急雨吹落的枝叶,到午时已被晒得蔫枯。

伏天走南湖[1]

曲江池畔夕食转,[2]
金乌万丈生云烟。[3]
荷池菡萏花摇影,
湖边芦苇叶出剑。
草径零零人踪稀,
柳丝垂垂鸟声蔫。
岸列往世拴马桩,
栉风沐雨直向天。[4]

2023 年 7 月 22 日

注:
1 南湖,指曲江池。
2 夕食,指申时,下午 3 点至 5 点。
3 金乌,指太阳。
4 "岸列"两句:曲江池畔,在湖边小路两旁,排列着数以千计的各个朝代的拴马桩,栉风沐雨,傲直向天,蔚为壮观。

南湖即事

大暑曲池树影长,[1]
柳桥身侧看莲塘。
一阵扑面热风过,
气裹溽湿送细香。[2]

2023 年 7 月 23 日

注:
1 大暑,是二十四节气中的第十二个节气,也是夏季的最后一个节气,是一年中最热的时期,日照时间最长,气温高,湿度大。
2 细香,莲塘中荷花的微缕香气。

游崆峒山[1]

季夏乘兴游崆峒,[2]
半百盘道急驰骋。[3]
天梯求仙走陡峭,
黄帝问道尊广成。[4]
五台苍莽托香岭,[5]
九天浩渺枕昆仑。[6]
三教共山千数年,[7]
雄峙陇头气如虹。

2023年8月5日

注:

1. 崆峒山,中华道教第一山,国家地质公园,国家级自然保护区,秦始皇、汉武帝、唐太宗曾慕名登临,司马迁、杜甫、白居易、林则徐、谭嗣同等文人墨客笔下多有赞誉。崆峒武术被誉为中国五大武术流派之一。
2. 季夏,8月5日是农历六月十九,为夏季的最末一个月。
3. 半百盘道,从山下到崆峒中台,有50多个弯道。
4. 黄帝崆峒问道的故事出自《庄子·在宥》,是说人文始祖轩辕黄帝曾亲临崆峒山,向智者广成子请教治国之道和养生之术。
5. 五台,崆峒山峰众多,最高峰为秀山,叠居于东、西、南、北、中五台之上,诸台环列,形似莲花。
6. 崆峒山位于"西方之极"和"中央之极"的交界处,被视为模拟昆仑天官的理想之地。地质时代的构造运动使得崆峒山的山脉形势与传说中的昆仑山相似,因此说"九天浩渺枕昆仑"。
7. 三教共山,崆峒山有"三教洞",祀孔子、老子和释迦牟尼,共处相奉,还有"三教禅林",见证了"三教共强"的历史。

去平凉[1]

炎暑驱车离长安,
六百里路关陇连。
峰峦如浪拍渭州,
兀然耸峙崆峒山。

2023年8月5日

立秋

公秋悄然六月中,[2]
夏色未收溽热同。
不见流火西沉象,[3]
更少梧桐响金声。[4]

2023年8月8日

注:

1 平凉,地处甘肃省东部,陕甘宁三省交汇处,古称渭州。
2 公秋,是立秋的细分。第一种说法是如果日期是单,则说明是公秋;如果日期是双,则说明是母秋。第二种说法是按照立秋开始的具体时间判断,如果立秋开始时间在白天(8—18点),则为公秋;如果立秋开始时间在夜里(18—次日7点),则为母秋。第三种说法是,如果立秋在12点前,则为公秋,如果立秋在12点后,则为母秋。第四种说法是,在农历六月入秋为公秋,七月立秋则为母秋。2023年立秋开始于8月8日(农历六月二十二)2:22′41″,因此为公秋。
3 流火,即七月流火。火,星宿名,即心宿,每年农历六月出现于正南方,位置最高,七月后逐渐偏西下沉,故称"流火",指夏去秋来。
4 "更少梧桐响金声"句,即没有秋风吹动梧桐树叶送来凉爽。

早秋 [1]

今次立秋七月前,
仄耳窗轩听鸣蝉。
端坐茶台饮香茗,
心神悠然享清闲。

2023年8月8日

镇北台 [2]

雄踞塞上数百年,
俯瞰北漠向燕然。
牛羊作市烟云迹,
风雪残照万里天。

2023年8月13日

注:

1. 早秋:因2023年立秋在农历六月,且在凌晨,按照古代民间的划分,属早立秋,称作早秋。
2. 镇北台,位于陕西省榆林市榆阳区城北,原是明长城的一处观察哨所,主要用于监控明长城线上的贡市情况。镇北台是明朝"隆庆议和"与"和平互市"的产物,是"蒙汉一家"和开创边关和平环境的历史见证。

扶苏墓有感 1

千年往事蹊跷多，
拥兵十万难动戈。
庙堂矫诏一己私，
太子名将入冤河。[2]

2023 年 8 月 13 日

注：
1 扶苏墓，位于陕西省绥德县城内疏属山顶。扶苏是秦始皇的长子，是秦朝统治者中具有政治远见的人物，因反对秦始皇实行"焚书坑儒""重法绳之臣"等政策，被秦始皇贬到上郡（今绥德县）。
2 秦始皇 37 年（公元前 210 年）秦始皇病逝后，遗诏扶苏前来即位，中车府令赵高联合丞相李斯，以私利拥秦始皇第十八子胡亥登基，矫诏逼令扶苏自尽，葬于上郡，大将军蒙恬同时遇难。因说"太子名将入冤河"。

红碱淖[1]

蒙陕交错生新海,
似是昭君泪洒来。
烟波浩渺鸥鸟翻,
天光云影共徘徊。

2023 年 8 月 13 日

注:

1 红碱淖,也称红碱淖尔、红碱淖海子,陕西、内蒙古边界的湖泊。道光年间这里还是一片湿滩沼泽地,积水很少,后来才渐渐形成湖泊。20 世纪 20 年代,湖址仍为葱郁丰茂的天然牧场,后积水逐年增多,遂成水潭,改称为红碱淖。20 世纪 80 年代该湖总面积曾达 54 平方公里。民间说法有"王昭君远嫁匈奴之际,驻足此地,心生离愁别绪,泪水汹涌而出形成了红碱淖"。

石峁遗址感怀 1

石破天惊一峁台,
华夏文明窗棂开。
逆旅过客不足论,
探寻百代真相来。[2]

2023 年 8 月 13 日

镇北台感怀

长城蜿蜒东边来,
此地高筑镇北台。
当时漠上繁盛景,
流入光阴作尘埃。

2023 年 8 月 15 日

注:
1 石峁遗址,是中国已发现的龙山晚期到夏早期规模最大的城址,位于陕西省榆林市神木市高家堡镇石峁村一秃尾河北侧山峁上,地处陕北黄土高原北部边缘。初步判断其文化命名为石峁类型,属新石器时代晚期至夏代早期遗存。石峁遗址是探寻中华文明起源的窗口,可能是夏早期中国北方的中心,距今 4000 年左右。
2 据考古队介绍,这个遗址的价值非凡,但需更长时间的持续深度发掘,百代后才有可能弄清楚中华文明早期真相。每一代考古人在它的面前都是逆旅之过客。

佳县随想 [1]

黄河滔滔流葭州,
白云悠悠紫山头。[2]
玉虚古观立千载,[3]
石头边城高万筹。[4]
眼睑横亘太行脉,
神思直登鹳雀楼。
润之在此持上签,
华夏五星耀寰球。[5]

2023 年 8 月 15 日

注:

1. 佳县,位于陕西省东北部,黄河中游,秦晋峡谷两岸。佳县是革命老区,《东方红》的故乡。西汉惠帝五年(前 190 年),始设圁阴县,金大定二十四年(1184 年)改为葭州,辖境相当于现在陕西省的佳县、神木、吴堡等县地。1964 年改为佳县。别称有葭县、葭州。
2. 白云山,地处佳县城南的崇山峻岭中,因山上建有道教名胜白云观而得名。白云山古称双龙岭,亦叫嵯峨岭,后因终年白云缭绕而称白云山,庙也因"山门无锁白云封"而叫白云观。
3. 玉虚古观,玉虚,是元始天尊的道场,是玉帝的居所,比喻洁净超凡的境界。这里是说白云观是全国著名的道教名山和风景区。
4. 石头边城,佳县县城建在一块巨大的岩石上,古时为边城。河对岸即为山西临县,故有"太行脉""鹳雀楼"之说。
5. 据说毛泽东主席曾在白云观抽得上上签,东渡黄河开启了建设新中国的新征程。

秋意金陵

时已白藏候欲凉,[1]
远影碧空孤雁翔。
寒蝉断续传悲音,[2]
苍山万仞挂斜阳。

2023 年 8 月 25 日

注:
1. 白藏,秋天的雅称之一。秋色为白,秋又为收获储藏季节,故称"白藏"。候,指征兆,时节,还指万物变化中的情况。
2. 秋天蝉的鸣叫若断若续,显得孤寂、凄清,带有一种悲凉的象征,所以叫"悲音"。

无题

氤氲岚气漫群峰，[1]
钟山九和翠微中。[2]
毓虚秀灵百余载，[3]
建邺胜地居南农。[4]

2023 年 8 月 26 日

河海大学友谊馆[5]

信步走上友谊台，[6]
金陵气象八方来。
秋蝉声声树间鸣，
屋前浓荫瑶人柴。[7]

2023 年 8 月 27 日

注：
1. 氤氲，烟云弥漫的样子；岚气，山中雾气。
2. 钟山，又称紫金山，名胜古迹众多，历史文化深厚，生态体系完整。九和，指秋天。翠微，青绿的山色。
3. 毓虚秀灵，指山川秀美，人才辈出，达到了宁静而智慧的境界。
4. 建邺，南京的古称。南农，即南京农业大学，位于江苏省南京市，已有一百多年的办学历史，是教育部直属的国家重点大学，其卫岗校区在钟山风景区内。
5. 河海大学，位于江苏省南京市，是以水利为主要特色，多学科协调发展的教育部直属的全国重点大学，1952 年整合南京大学、交通大学、同济大学、浙江大学的相关专业，以及华东水利专科学校成立华东水利学院，简称"华水"。1985 年恢复传统校名"河海大学"。
6. 友谊馆，在学校的一个高台上，过去以开展外事活动为主。
7. 瑶人柴，香樟树的别称。

感怀

素雨清风消残暑,
江南青绿似画图。
二泉试茶香满喉,[1]
五湖泛舟思接古。

2023 年 8 月 28 日

夜游古运河

浅夜秋水看邗沟,[2]
波光灯影耀眼眸。
南下塘口岁月远,[3]
清名桥下画舫稠。[4]

2023 年 8 月 29 日

注:
1. 二泉,即无锡惠山的"第二泉"。
2. 邗沟,是联系长江和淮河的古运河,在今天的江苏境内。
3. 南下塘,是一条历史悠久的古街,位于江苏省无锡市梁溪区中心地段,为独具特色的古运河畔江南人家历史文化街区。
4. 清名桥,原叫清宁桥,位于无锡市南门外的古运河与伯渎港交汇处,飞架运河两岸,为单孔石拱桥,始建于明万历年间。它是无锡寄畅园主人秦耀的两个儿子太清、太宁捐建的,因此各取一字叫"清宁桥"。清康熙八年(公元 1669 年)由无锡县令吴兴祚重建,道光年间,避讳道光皇帝的名字景宁改为清名桥,也有人称它为"清明桥"。

琅琊抒怀[1]

峰回路转走琅琊,
蔚然深秀时见花。
醉翁亭前自翁名,
同乐园中庶乐家。[2]
酿泉洗心去旧尘,[3]
古梅影香发新芽。[4]
二贤治滁佳声在,[5]
清流潺湲行天涯。[6]

2023 年 9 月 16 日

注:

1 琅琊山,位于安徽省滁州市琅琊区西南。以其山水之美,更因为有千古名篇《醉翁亭记》和琅琊寺、醉翁亭等名胜古迹而传誉古今。
2 "醉翁亭前"两句,是说醉翁亭是欧阳修以自己的"醉翁"命名的,同乐园是老百姓(庶民)快乐的家。
3 酿泉,原名玻璃泉,在琅琊山醉翁亭下,泉边立有一小巧玲珑的洗心亭。
4 古梅,传说此梅花树为欧阳修所栽,世称欧梅。原树枯死,现为明人所栽,至今枝繁叶茂,清秀不绝。
5 二贤,指曾在滁州先后任过职的王禹偁与欧阳修。
6 "清流"句,指二贤的德政和善行在浑浊的官场如涓涓清流到处传扬。

微山湖印象[1]

地动河决乃天成,
八方百川流汇通。
南四湖水润苏鲁,
京杭运河串西东。
菡萏摇曳生百姿,
精灵扑棱鸣万声。
浮光耀金鱼米乡,
蒹葭菰草春秋风。

2023 年 9 月 17 日

注:
1 微山湖是位于山东省济宁市微山县南部的断陷湖,北与昭阳湖、独山湖和南阳湖首尾相连,水路沟通,曾称南四湖。京杭大运河傍湖而过。

微山岛的故事 1

万顷四湖一峰驼,
沧海桑田凌青波。
凤凰台上微子墓,[2]
贤愚千载任人说。
留侯张良神机妙,
甲子一现城伸缩。
汉画石像独珍贵,[3]
别具风采阴线刻。
高耸入云望湖阁,
八面来风势磅礴。
最是铁道游击队,
赤胆壮志压星河。
飞驰列车芦苇荡,
倭寇丧胆无处躲。
千年古槐有灵性,
护佑百姓免遭祸。
弹起本色土琵琶,
深情长吟家乡歌。
我等徜徉岛上走,
时时处处动心魄。
忆往昔峥嵘岁月难忘怀,
人民万岁唱功德。

2023 年 9 月 17 日

注：
1 微山岛，位于山东省济宁市微山县境内，微山湖的东南部，是中国北方最大的内陆岛。岛上有丰富的自然、人文景观。抗战时期，著名的铁道游击队的故事就发生在这里。一曲《弹起我心爱的土琵琶》使微山岛名扬中外。
2 微子墓，宋国始祖微子启之墓。微子，即微子启，又称殷公，商帝乙之长子，名启。周公东征平"三监"后，以他代替武庚奉守商祀，封于宋（今河南商丘），为宋国第一代国君。据说他死后葬于微山岛，岛上建有微子祠。
3 汉画石像，是微山县出土的东汉中期水榭画像石。画像采用浅浮雕阴线刻法，技巧熟练。

行走牛首山[1]

偷闲览胜仙窟山,
意兴氤氲半日欢。[2]
登阶渐觉佛塔高,
访禅始悟圣道远。
庄严辟支新身随,[3]
贵煌地宫舍利函。[4]
补得天阙佑金陵,[5]
幽栖寺下乾网悬。

2023年9月17日

注:
1. 牛首山,位于江苏省南京市江宁区,牛首山为低山丘陵,属于宁镇山脉西段的南支,紧邻祖堂山。山因双峰突起,东西对峙,形似牛头双角,故名牛首山。东晋宰相王导曾劝谏初创政权的晋元帝司马睿打消在皇宫外兴建象征皇权的双阙的念头,请晋元帝乘舆出宣阳门,南眺牛首,两峰对峙,趁机劝喻元帝:"此天阙也,岂烦改作",故得名"天阙山",又叫"仙窟山"。
2. 意兴氤氲,形容兴致绵延不绝。
3. 辟支塔,在佛教中的特殊含义是崇拜辟支佛的塔。辟支佛是梵语音译,意思是"缘觉""独觉",指无师而能自觉自悟之圣者。"辟支新身"是说牛首山原有一尊辟支塔,后又新修了一尊,"现双塔",新身随。
4. 地宫舍利函,舍利指佛顶骨舍利(佛顶真骨),是世界现存唯一一枚佛祖释迦牟尼的头顶骨舍利,现供奉于牛首山的佛顶宫地宫中。
5. 牛首山又名天阙山,景区核心区设计理念为补天阙。所以说"补得天阙佑金陵"。

照金感怀

群山蜿蜒看苍翠,
晚霞弥漫映照金。
擎天丰碑陕甘边,[1]
风雨如晦践初心。[2]

2023年9月18日

注:
1 1933年,老一辈革命家在这里创建了西北第一个山区革命根据地——陕甘边革命根据地,照金因此成为西北革命的摇篮,在中国革命史上写下了光辉绚丽的篇章。在镇西南山顶上有一高耸入云的石碑,上书:陕甘边革命根据地的英雄们永垂不朽。
2 风雨如晦,比喻局势动荡,社会黑暗。

照金迎雨

烟笼翠微天欲沉,
叶承灵泽重绿痕。[1]
心绪万端怅寥廓,[2]
清气惠风沐我身。

2023 年 9 月 18 日

山中[3]

雨后信步小径中,
迎面杂树野花丛。
耳畔虫鸟声不绝,
山色苍茫天地悠。

2023 年 9 月 21 日

注:
1 灵泽,指滋润万物的雨水。
2 怅寥廓,意思是面对广阔的宇宙生出万般惆怅和感慨。
3 这是在照金进入住地后山时所见所感。

京城望月 [1]

此月曾经出天山，[2]
那年海上亦生圆。[3]
今次京城青天幽，
蟾宫桂花美酒酽。[4]

2023年9月29日

故乡月 [5]

南山冰镜峰头悬，[6]
龙江玉弓挂柳尖。[7]
稻菽入梦溢清香，[8]
素影凌户万家欢。[9]

2023年9月29日

注：

1. 此诗为癸卯中秋时所写。
2. 首句用李白"明月出天山，苍茫云海间"句意。
3. "那年海上"句，用张九龄"海上生明月，天涯共此时"句意。
4. 蟾宫，即广寒宫，是中国神话中嫦娥居住的宫殿。桂花美酒，传说吴刚伐桂酿天下第一美酒——桂花酒。
5. 这是在异乡时，忽然想起故乡的月。
6. 南山，即武都城南的高山。冰镜，指月亮。
7. 龙江即白龙江。
8. "稻菽"句，即小时候白龙江两岸稻田万顷，稻花清香，犹在梦中。
9. 素影，指月影；凌户，指进入千家万户。

癸卯中秋赏月 [1]

月夕龙潭西湖坐,
亭边石摆小饼果。
碧海青天银台望,
广寒宫中寂嫦娥。

2023年9月29日

日哺游天坛 [2]

仲秋国庆次第来,
哺时天坛人流徊。
但见秋风残照里,
一抹昏黄染祭台。[3]

2023年9月30日

注:
1 这是中秋夜在北京东城区龙潭西湖时的观感。
2 日哺,指申时,下午3点至5点。
3 祭台,指天坛。

龙潭西湖即景

暖阳菖蒲未生蕊,[1]
清风芦苇摇似醉。
水中残荷黄缀绿,
岸柳柔枝垂且翠。

2023 年 10 月 3 日

京华遇雨

日禺头顶一片蓝,[2]
哺时倏然雨色漫。
霑泽更添凉意甚,[3]
寥廓江天金素颜。[4]

2023 年 10 月 3 日

注:
1 菖蒲,水生植物。未生蕊,未见花蕊,即未开花。
2 日禺,指上午 9 时至 11 时。
3 霑泽,指雨水。
4 "寥廓江天"句,即天地间一派秋天的景色。

遥忆洛阳[1]

伊河两岸群佛山,[2]
石窟龙门居千年。
青峦无意成胜迹,
白园有幸眠乐天。[3]
邙洛灵秀释源长,[4]
五乳雄奇少林传。[5]
名动京城牡丹盛,[6]
珍馐美馔水席宴。[7]

2023 年 10 月 4 日

注:

1 这是我回想多年前去洛阳时的感受。
2 伊河,黄河南岸支流洛河的支流之一,龙门石窟就在伊河两岸。
3 白园,位于洛阳城南龙门东山琵琶峰上,是全国唯一一座纪念白居易的园林。白居易晚年居住洛阳 18 年,在龙门修香山寺,开八节滩,对龙门山水十分眷恋,死后遵其嘱葬于洛阳香山。
4 邙洛灵秀,邙山位于河南省洛阳市北,为黄土丘陵地,是中原腹地的文化名山。洛河,古称雒水,黄河右岸重要支流。洛河在中华文明发展中占有重要地位,与黄河交汇为中心的河洛地区是华夏文明发祥地,河洛文化被称为中华民族的根文化。
5 五乳,指嵩山五乳峰,禅宗祖庭少林寺就位于五乳峰下。
6 洛阳牡丹,"洛阳地脉花最宜,牡丹尤为天下奇",洛阳曾为帝都,有"千年帝都,牡丹花城"的美誉。刘禹锡"唯有牡丹真国色,花开时节动京城"更是千古传诵。
7 洛阳水席,是河南洛阳一带特色传统名宴,始于唐代,已有一千多年的历史,是中国迄今保留下来的历史最久远的名宴之一。

即兴 1

超市徜徉随物流，
返身过街天桥走。
风动道旁杨树叶，
啪啪犹似鬼拍手。

2023 年 10 月 3 日

午后遐思

午枕后坐庭堂中，[2]
窗影婆娑是梧桐。[3]
十二时辰犹人生，
才过日正又黄昏。[4]

2023 年 10 月 3 日

注：

1 这是一首生活小品诗，去超市购物返家，下了过街天桥，远方的杨树叶被风吹动，啪啪的声音犹如鬼拍手（此杨树据说就叫"鬼拍手"）。
2 午枕，即午睡。
3 "窗影婆娑"句，窗外盘旋舞动的影子原来是梧桐枝叶纷披的样子。
4 日正，即中午。

公园即景 [1]

微风荷池斜阳里，
菖苇稠密莲叶稀。
孙儿练习跳绳技，
数息已见汗湿衣。

2023 年 10 月 7 日

寒露 [2]

东方欲晓清雨凌，[3]
辰时已然天放晴。[4]
曦和已降温未寒，[5]
盖壤萧瑟商风飞。[6]

2023 年 10 月 8 日

注：

1. 这是在北京市东城区龙潭西湖公园里的一个场景，深秋的夕阳下，稠密的菖蒲和芦苇与稀疏的莲叶形成了鲜明的对比，孙儿在练习跳绳，一会就见他汗出衣湿。
2. 寒露，二十四节气之第十七个节气，表明已到深秋。寒露是一个反映气候变化特征的节气。进入寒露时有冷空气南下，昼夜温差较大，并且秋燥明显。
3. 东方欲晓，指凌晨 3 时至 5 时。
4. 辰时，早 7 时至 9 时。
5. 曦和，指太阳。到了深秋，太阳的温度似乎也降低了。
6. 盖壤，指天地。萧瑟，形容风吹树叶的声音，这里指环境冷清、凄凉。

九月节感怀 [1]

辞青时节天微寒,[2]
夕阳轻柔斜入园。
垂柳摇曳抚清风,
耳畔难觅是鸣蝉。

2023年10月8日

无题

吾在西京君西蜀,
秦岭巴山竞突兀。
云绕犹似心缠绵,
树摇恰如炁纳吐。[3]
居诸不息写风华,[4]
野马尘埃笑今古。[5]
暮年好静懒治事,
艰辛物我惧何苦!

2023年10月12日

注:
1. 九月节,寒露的别称。
2. 辞青,寒露的雅称,表示万物开始辞去青绿,进入多彩的秋季。
3. 炁,"气"的古字,道教多以指人的元气。
4. 居诸不息,喻时光流逝。
5. 野马尘埃,比喻容易消失的万物。

秋日

寒露已过秋意稠,
朋友欢聚望江楼。
青天万里南流景,[1]
情义胜于杯中酒。

2023 年 10 月 15 日

注:
1 南流景,指太阳,此处指秋光明丽。

汉中吟[1]

西京梁州半时辰,[2]
胜地秋意透苍穹。
三源汇流沧浪河,[3]
两汉凝粹华夏魂。[4]
神女灵显解佩渚,[5]
沛公智开大汉门。[6]
水之源养粉黛草,
丝毛芦花沾衣裙。

2023 年 10 月 19 日

注:
1. 汉中,位于陕西省西南部,因汉水流经此地而得名,自古就有"天汉""汉家发祥地""天府之国"之美称,为"秦之咽喉""蜀之门户",乃兵家必争之地。
2. 梁州,汉中古称,三国时始设,隋朝大业三年(607 年)废。
3. 三源,汉江有三源,中源漾水,北源沮水,南源玉带河,东流至汉中始称汉水,古称沧浪水。
4. 两汉,指西汉和东汉,在汉中都留下了丰富的历史文化遗存,并形成了中华民族的精神品格。
5. 汉水女神,即汉水游女,指延娟、延娱,她显灵现身的地方在解佩渚。
6. 沛公,即刘邦。刘邦依托汉中,打开了大汉王朝的大门。

天汉怀古

沔水激荡流古今,[1]
秦巴巍峨立坤灵。[2]
八面来风天汉楼,[3]
尽览世间万般景。

2023 年 10 月 19 日

汉中遣怀

沛公借此败项楚,
玄德据地抗魏吴。[4]
胜败乃是英雄梦,
汉水长流秦山暮。[5]

2023 年 10 月 20 日

注:
1 沔水,汉水的古称之一。
2 秦巴,指秦岭、巴山。坤灵,古人对大地的美称。
3 天汉楼,位于汉中天汉文化公园,是一座标志性建筑,为 69 米高的仿汉风格和汉中传统建筑高翘屋檐相融合的楼阁。
4 玄德,即刘备,据汉中而抗曹魏和东吴。
5 "胜败乃是英雄梦"二句,是说不管是胜利还是失败,都是当时豪杰为实现自己的英雄梦想做出的不懈奋斗,胜败转头空,只有汉水依然流淌,秦山依旧耸立。

天汉湿地公园 [1]

一入湿地兴无前,
难有它景使流连。
丝毛芦花摇灵异,
粉黛草色炫梦幻。[2]
夕曛渲染苍山晕,[3]
霜飔吹拂夏水寒。[4]
信步曲径意悠长,
天汉阁上望震旦。[5]

2023 年 10 月 20 日

注:
1. 天汉湿地公园,地处汉中市中心城区,河道岸线 5.6 公里,将汉江两岸打造成一座集生态、休闲、健身、娱乐为一体的综合性湿地公园。
2. 丝毛芦和粉黛草均为景观性植物。丝毛芦,一种高大过人的芦苇,芦毛洁白如雪,无一丝杂色,既壮观,又神奇;粉黛乱子草,如红色云雾般铺设在丝毛芦前面,高低错落,如梦如幻。
3. 夕曛,落日的余晖。
4. 霜飔,秋风的雅称。
5. 震旦,古代印度对中国的称呼。震在八卦中表示东方,旦表示太阳升起的景象。震旦可以理解为东方的日出之地,象征着光明与希望,代表朝气与活力。

观天汉传奇灯光秀

湖水做台天当幕,
百般妍丽看光柱。
道清汉人何以兴,
千年华夏来时路。

2023 年 10 月 20 日

走观兴汉胜境[1]

慕名进得仿汉宫,
身似穿越心念同。
汉颂演绎数百年,
喧闹消停万事空。

2023 年 10 月 20 日

注:
1 兴汉胜境,位于汉中市治台区诸汉路中段,是一个以汉文化为核心的全方位景区,展现汉中"汉家发祥地,中华聚宝盆"的风景和文化底蕴。

陕理工65周年校庆[1]

秋意充盈汉江畔,
高朋满座笑语喧。
栉风沐雨甲子五,
初心依旧薄云天。

2023年10月20日

注:
1 陕理工,陕西理工大学,坐落于中国历史文化名城汉中,是一所多科性的省属普通高等学校。始建于1958年,2023年是建校65周年。吾参加庆典活动,有感而成此诗。

登紫柏山 [1]

昊远气清秋光好,
山峦如浪拍岸高。
心由境走观坤舆,[2]
身随崖移感缥缈。[3]
撑天拄地碧虚近,
径行直遂白云遥。
连绵不绝登攀者,
每人心中自有道。

2023 年 10 月 23 日

注：
1 紫柏山,位于秦岭南麓,陕西省留坝县境内,山上古树多紫柏,故名。
2 坤舆,意为地球或大地。
3 缥缈,高远隐约,若隐若现的样子。

重阳[1]

商风吹拂菊正黄,
西陆山川染新霜。[2]
岁序今又九月九,
凝观阳景万里长。[3]

2023 年 10 月 23 日

注:
1. 重阳,即重阳节,是中国民间传统节日,日期在每年农历九月初九。九数在《易经》中为阳数,"九九"两阳数相重,故曰"重阳";因日与月皆逢九,故又称为"重九"。又因在民俗观念中"九"在数字里最大,有长久长寿的含意,寄托着对老人健康长寿的祝福,国家法定每年农历九月初九为老年节。
2. 西陆,秋天的雅称。《隋书·天文志》:"日循黄道东行,一日一夜行一度,三百六十五日有奇而周天。行东陆谓之春,行南陆谓之夏,行西陆谓之秋,行北陆谓之冬。"
3. 阳景,阳光,指太阳。

吃螃蟹

商信日劲正重阳,
友人送上八无肠。[1]
一番撕扯残骸乱,
入口膏肥肉亦香。

2023年10月23日

注:
1 古人称螃蟹为"无肠公子"。八无肠即八只螃蟹。

留侯祠随想[1]

太岭翠莽飘丹黄，
褒水清潾映天光。
留侯仙祠居留坝，
紫柏神山呈紫祥。
一椎刺秦博浪惊，[2]
万户辞汉龙如藏。[3]
世间无数名利客，
谁人堪比张子房？

2023 年 10 月 21 日

注：

1. 留侯祠，即张良庙，位于陕西省汉中市留坝县留侯镇庙台子村，坐落于秦岭南麓紫柏山下。距今已有 1800 多年的历史。相传张良辅佐刘邦成就帝业后，隐居于此。后人仰慕他"明哲保身"的策略和"功成不居"的高风，在这里建庙奉祠，因他曾封"留侯"，故名"留侯祠"，俗称"张良庙"。
2. 一椎刺秦，指张良在公元前 218 年（秦始皇 29 年）秦始皇第三次巡游时为国复仇刺杀秦始皇之事。博浪惊，即博浪沙，古地名，位于河南省原阳县城东郊，因韩国丞相后裔张良曾派人在此刺杀秦始皇未遂而惊天下而扬名。
3. 万户辞汉，拒绝刘邦封授给他的三万户侯而在留坝隐居。龙如藏，紫柏山又称"龙如山"，所以说张良隐居于此，藏盖世功名于此山。

怀古幽思

大汉立国仰留侯,
盖世功业耀千秋。
应是深悟赤松子,[1]
天机勘破逍遥游。

2023年10月22日

注:
1 赤松子,张良在辅佐刘邦建立政权后,为保全自己,功成身退,对汉高祖说:"愿弃人间事,欲从赤松子游耳。"由此人们相传此赤松子就是那个早年传张良兵法的黄石公。也有人认为赤松子可能只是在秦汉时声名极隆的上古神仙,张良勘破了人世间"狡兔死,走狗烹,飞鸟尽,良弓藏"的天机而作仙人逍遥游。

拜将坛遐思

三杰如鼎柱汉天,[1]
淮侯不妄称兵仙。[2]
沛公设场礼才俊,
传世唯见拜将坛。[3]

2023年10月23日

注:
1. 三杰指刘邦所用的张良、萧何、韩信。世人谓"汉初三杰"。
2. 淮侯,即淮阴侯韩信,西汉开国功臣,军事家。他擅长治军,善于指挥大兵团作战,是秦汉之际第一流的军事家,明人茅坤赞其为"兵仙"。
3. 拜将坛,当年刘邦收留了韩信,开始并不重用,即有了出走萧何月下追韩信的故事。此坛始建于公元前206年,是汉高祖刘邦"择吉日,斋戒,设坛场,具礼"拜韩信为大将军的古坛场遗址,见证了刘邦礼贤重才的用人之道。

安康行[1]

巴山汉水暮秋寒,
轻烟柔静笼兴安。
满城芳樟不改碧,[2]
稀见紫薇花枝妍。[3]

2023 年 10 月 27 日

述怀

穿遂渡桥之安康,
一路葱茏见丹黄。[4]
此方水土万千态,
气韵流淌自汉江。[5]

2023 年 10 月 27 日

注:
1. 安康,位于陕西省东南部,晋太康元年(280 年),为安置巴山一带流民,取"万年长乐,安宁康泰"之意,设立安康县,"安康"从此闻名。以汉江为界,北为秦岭地区,南为大巴山地区,形成"三峡两川"的地势。
2. 芳樟即香樟,是安康的市树。
3. 紫薇花是安康市花。
4. 丹黄,漫山遍野层林尽染,黄叶,红叶令人心醉。
5. "此方水土"两句,是指这里千姿百态的美景,都与汉江水系息息相关,真乃"一方水土一方胜境"也。

文县天池 [1]

秋景斑斓阴平道,[2]
胜日但见天魏峣。[3]
无限风光映湫池,
清商重彩染林梢。

2023 年 11 月 1 日

注:
1 文县天池,又称洋汤天池,古称"天魏湫",位于甘肃省陇南市文县,天池形如葫芦,九曲十八弯,是国内有名的高山堰塞湖类型的淡水湖泊,水域面积 0.88 平方千米。湖畔建有洋汤庙。
2 阴平道,起于今甘肃陇南文县的鹄衣坝(文县老城所在地),途径文县县城,翻越青川县境的摩天岭,经唐家河、阴平山、马转关、靖军山,到达平武县的江油关。这是甘肃南部进入四川的一条捷径。
3 天魏峣,是说天魏山陡峭高峻。

天池抒怀

环湫嵯峨山绮丽,[1]
池液犹似翡翠玉。[2]
秋阳杲杲融心暖,
林叶静静沐日洗。
狮子峰下神女影,[3]
洋汤庙顶仙鹤栖。[4]
源头无觅太奇妙,[5]
五指洞流远清溪。[6]

2023 年 11 月 2 日

注:
1. 环湫,天池古称"天魏湫",被天魏山环绕。
2. 翡翠玉,天池水呈蓝绿色,犹如翡翠宝石。
3. 狮子峰,在天池的东北面,池水中有一立石,传说是神女来天池沐浴所化。
4. 洋汤庙,供奉洋汤爷的庙堂。旧志载:唐进士岐山龙尾沟人蹇雷宝任广昭节度使,为避安禄山乱,弃家修道,卒于此为神。宋敕封为洋汤大海平波敏泽龙王。经常有仙鹤栖于庙宇的屋顶上。
5. 地表入水甚少,出水很大,涨不见溢,枯不见涸。原因可能是文县天池以"源头无处觅"而闻名于世。因为湖底有暗流,湖心有水涌。
6. 五指洞,传说远古时,二郎神侵犯此地,洋汤爷奋起还击,酣战三天三夜,二郎神见不能取胜,遂挥剑劈岭,聚水为池,妄图截断下游水源,困死洋汤河百姓。洋汤爷伸手将池坝戳开五个水口,形成了五指洞,避免了水患。

游万象洞[1]

阶州震位龙江南,[2]
万般气象洞中涵。
鬼斧神工星外客,
仙风道气云端鸾。
步步有景鳞次列,
形形无由缥缈间。
亿年滴水成大观,
经天纬地何须言?[3]

2023 年 11 月 2 日

注:

1 万象洞,又名仙人洞,五仙洞。位于甘肃省陇南市武都区汉王镇杨庞村的半山腰。该洞已有 2.5 亿至 3 亿年的历史,是中国西北地区发现的一处规模宏大的,艺术价值很高,既有北国之雄奇,又有南国之灵秀的岩溶地貌。其新洞距今 5000 万年,发育初期的溶洞景观,在国内十分罕见,不仅有很高的美学价值,而且填补了中国溶洞发育雏形到成形演变过程中的空白。早在 1000 多年前,就已经吸引了历朝历代的游客慕名前来,洞内还留有北周、唐、宋、元、明、清各代石碑 100 多面,题词题刻 960 多首。
2 震位,正东。龙江,白龙江。
3 "亿年滴水成大观"二句,洞内钟乳石光怪陆离,奇形异状的万般景致,是经过上亿年滴水而形成的,这种经天纬地的存在都不需要赘言絮语。其奥妙不可道也!

官鹅沟印象[1]

公主盛装迎客远,[2]
石径栈道相毗连。
山树陆离秋色重,
湍溪冲折喧声寒。
虬枝横斜绝崖壁,
飞瀑直悬逗天边。
峰回路转九盘萦,
皑皑高标是岷山。

2023年11月3日

注:

1 官鹅沟,位于甘肃省陇南市宕昌县城郊,集森林景观、草原景观、地貌景观、水体景观、天象景观等自然、人文景观于一体,湖泊如珠,峡谷如线,瀑布如织,生态环境优美,自然景观奇特。明神宗万历年间称官鹅沟"关恶","关恶"一词系羌语,意为"峡谷"。
2 公主,公主湖,在官鹅沟口。

哈达铺畅想[1]

人困马乏八月天,
克艰历险到川甘。
腊子崄口战况烈,
哈达古镇民心暖。
天顺红军食果腹,[2]
地趋陕北命运转。
事虽偶然有定数,
三军经此行且远。

2023年11月4日

注:
1. 哈达铺,地处甘肃省陇南市宕昌县西北部,明代在哈达川设铺,故称哈达铺。红军长征途中,1935年9月18日,突破天险腊子口;9月20日毛泽东、周恩来率中央红军到达哈达铺,在该地制定了挥师北上、把红军长征的落脚点放在陕北的战略决策。哈达铺被誉为长征的"加油站"。
2. 当年,哈达铺夏粮丰收,红军一路忍饥挨饿,到此地才吃上了饱饭。

贺西安文化数字研究院揭牌 [1]

赤乌耀秦驱微寒,[2]
创新港立文数院。[3]
人类文明应其时,
借力科技代代传。

2023年11月7日

注:
1. 这是参加由西安交通大学人文学院和西安市委宣传部建立的"西安文化数字研究院"揭牌时的现场所作,有感而发吧。
2. 赤乌,太阳的雅称。
3. 创新港,全称"中国西部科技创新港——智慧学镇",由西安交通大学和西咸新区联合建设,定位为"国家使命担当,全球科教高地,服务陕西引擎,创新驱动平台,智慧学镇示范"。

立冬后第三日古城初雪

玄序辰时闻惊雷,[1]
訇然坤舆是处霆。[2]
异象引得飞花乱,[3]
玉尘敷面大矩新。[4]

2023 年 11 月 11 日

注:
1 玄序指立冬。
2 訇然,形容声音很大;坤舆指天地;霆是雷响的声音。
3 飞花即飘雪。
4 玉尘即沙粒样的雪;大矩指土地。

古城雷打雪

秦岁首后生异变,[1]
辰时黑快翼垂天。[2]
沉雷虺虺飞琼花,[3]
粉妆玉砌饰长安。

2023 年 11 月 11 日

注:
1 秦岁首即立冬。
2 黑快即乌云。
3 虺虺,形容打雷的声音。琼花,雪的雅称。杨万里《观雪》:"落尽琼花天不惜,封它梅蕊玉无香。"

立冬、西京遇冷雷[1]

声声天鼓擂,[2]
纷纷六出花。[3]
时逢十月朔,[4]
黑絮阿布卡。[5]
怪哉雷打雪,
奇也光舞涯。[6]
异象令人思,
违和遭天罚。
解得眼前事,
万物竞芳华。

注:
1 冷雷,指冬天打的雷。
2 天鼓指雷。
3 六出花即雪。
4 十月朔即冬天。
5 黑絮指乌云;阿布卡,满语天的意思。
6 光舞涯,指闪电从天涯边掠过,好像跳舞一样。

寒衣节

经年又是十月朝,[1]
考妣音容心中绕。[2]
不知那边冷几何?
将就御寒衣物烧(捎)。

2023 年 11 月 13 日

立冬后忽感[3]

未见雪花净落叶,
堪舆萧瑟气清洌。
长忆往昔同学聚,
围炉猜拳饮不歇。

2023 年 11 月 25 日

注:
1 十月朝,农历十月一日。
2 考妣,父母的别称和尊称。
3 立冬后未见飘雪,只见寒风中落叶飘摇,忽然忆起过去同学在冬日相聚时,围炉饮酒,猜拳行令声不绝于耳。

冬思

轩外大槐萎叶稀，
道旁银杏解金衣。
玄英凛凛重寒色，[1]
苍灵徐徐垂羽翼。

2023 年 12 月 1 日

冬日校园即景

节令大雪未有雪，
哺时斜阳晕暖色。
柿树梢头十数果，
灰鹊翻飞轮番啄。

2023 年 12 月 7 日

注：
1　玄英指冬天。

无题

木落秦山冷,
北风渭水寒。
冬贺近身来,
屈指乃三天。[1]
阳气萌生意,
物极必相反。
忽然地微动,
临夏积石山。[2]
心绪有悲怆,
应畏大自然。
遥望九重境,
曲迎难开言。

2023年12月19日

注:
1 冬贺,也称为拜冬,是中国古代的一种传统习俗,主要在立冬时进行。这里是说再过三天就到立冬节气了。
2 "忽然地微动"两句,是指甘肃省临夏州积石山县发生的6.2级地震,我当时在床上,有感觉。

过亚岁

凛冽寒气日南至,[1]
静立灶前思无垠。
沸汤翻滚饺耳香,[2]
众生应谢张仲景。[3]

注:
1 亚岁、日南至都是冬至的雅称。
2 饺耳,饺子的别称。
3 据传,饺子为张仲景所发明。

贺兰大萃英诗社诞生[1]

兑域岁杪响微茫,[2]
萃英门首吟哦长。[3]
百年上庠自神韵,[4]
老凤清音绕栋梁。[5]

2023年12月25日

注:
1 兰州大学离退休教职工成立了"萃英诗社",社长为我毕业留校后的舍友李映洲教授,嘱我写首诗祝贺,故有此章。
2 兑域,指西方。兰州在西安以西,为中国西部,故称兑域。岁杪,年底,年尾。微茫,隐约。因距离遥远,用此语。
3 吟哦,有节奏地诵读。
4 上庠,指兰州大学。
5 老凤,"雏凤清于老凤声"的反其意而用之。

无题

白位千年唱大风,[1]
萃英诗社立黉门。[2]
百载文脉流雅韵,[3]
万里浊河鸣涛声。[4]

2023年12月27日

注:
1 白位,西方的别称。陇上自古为诗歌昌盛之地,且诗风高亢,辽远,大气。
2 萃英,兰州大学最初建校的地址在"萃英门"。黉门,学校的校门,古时对学校的称谓。
3 "百载文脉"句,兰州大学建校已115年。
4 浊河,黄河的别称,特指。

无题

雾霭沉沉锁古雍，[1]
北风泠泠冬月天。
门里病房才五日，
窗外世间已隔年。
痛卧病榻因胰胆，
心念粗粝由饿馋。[2]
染疾方觉健康好，
平凡自在心悠然。

2023 年 12 月 30 日于病床上

注：
1 古雍，古雍州大体相当于现在的陕西、甘肃、宁夏、青海一部分地区。后来主要指陕西关中地区，治所在西安。
2 "心念"句，因病禁食禁水 8 日，才有此句。

迎新年

病房"漫长"才五日，
世上倏然已换年。
身插数管静思命，
白云苍狗人生短。[1]

2024年1月1日

新年感怀

老来每觉世事艰，
梦忆常去卅年前。
眼里物象多缭乱，
耳中佛音少清远。
夏虫井蛙争成神，[2]
野马尘埃化作仙。[3]
悲欣交集观自在，[4]
贤愚千载皆云烟。[5]

2024年1月1日

注：
1. 白云苍狗，比喻世事变化无常，捉摸不透。
2. 夏虫井蛙，出自庄子，用来比喻见识短浅的人。
3. 野马尘埃，出自庄子，用来比喻容易消失的事物。
4. 悲欣交集，出自《宋书·肖思话传》，指悲伤和喜悦的心情交织在一起。观自在，佛教术语，意思是指心境自由自在，无所执着，不受外界环境的干扰和束缚。
5. "贤愚千载"句，黄庭坚有诗："贤愚千载知谁是，满眼蓬蒿共一丘。"

无题 [1]

陇上自古风华扬,
昆仑飞雪卷千岗。
黉门诗兴似大河,
涛声万里奔海洋。[2]

2024年1月6日

小寒

玄英古雍度小寒,
秦岭一黛横城南。
梅腮柳眼醒春意,
东风兼程向西偏。[3]

2024年1月6日

注:
1 这是另一首对兰州大学萃英诗社的祝贺诗。
2 "涛声万里"句,李白诗句:"君不见黄河之水天上来,奔流到海不复回。"
3 西偏,指西部,西方边远地区。

腊月初五长安雪

腊五凛凛北风来,
琼花飒飒漫天开。
遥望终南染华发,
祈愿丰年如约来。

2024 年 1 月 16 日

腊月初六古城续大雪

隆冬满目尽萧索,
繁阴终南隐嵯峨。
日中漫天飞瑞叶,[1]
上下一白蕴春色。[2]

2024 年 1 月 17 日

注:
1 日中,指中午时分。瑞叶,雪的雅称。
2 上下一白,明张岱《湖心亭看雪》写到"大雪三日,湖中人鸟声俱绝。……雾凇沆砀,天与云、与山、与水,上下一白",形容山川树木房屋尽数被雪覆盖。

癸卯腊八感怀

天散霏霙又作晴,[1]
万树梢头盖玉亭。
腊八粥香忆旧堂,[2]
数九寒深觐佛庭。[3]
彼时坐席论先贤,
此身入禅涤俗心。
华发老翁念春芳,
思绪悠然陇山行。[4]

2024 年 1 月 18 日

注:
1 霏霙,指飞雪。
2 旧堂,指旧时家里的庭堂。
3 佛庭,据说腊八节是佛教创始人释迦牟尼成道之日,后世为了纪念他的成道,将每年的腊月初八定为"佛陀成道日",又称"腊八节",在这一天,佛教徒和一些地区的民众会吃腊八粥来纪念他,因此说"觐佛庭"。
4 "华发老翁"两句,是说作为一个老人,在腊八这一天忽然想到自己的家乡"陇上江南"已经春意萌动,思绪飞到了熟悉的陇山之畔。

大寒

前日饱雪化仍残,[1]
天际青阳料峭悬。
节令今日至腊冬,
应是凌冽未觉寒。
无言造物蕴温情,
只待骀荡东风还。[2]

2024 年 1 月 20 日

京城立春日

远望天边山朦胧,
万千楼群半隐中。
驱车来得八大处,[3]
眼前柳梢鹅黄生。

2024 年 2 月 4 日

注:
1 饱雪,下了很厚的雪。
2 骀荡,形容万物生机盎然,使人舒畅。
3 八大处,位于北京市西山风景区南麓,为太行山余脉翠微山、平坡山、庐师山所环抱,因古建筑保存完好的八座佛教古刹而闻名,故名八大处。

游八大处

迎春信步翠微间,
八大古刹佛脉传。[1]
楼危殿雄香客众,[2]
林密山幽僧侣禅。
超度妙音大悲寺,
果腹素面三山庵。
苍茫峰壑物已苏,
十二景待烟雨还。[3]

2024 年 2 月 4 日

注:
1 八大古刹,分别为长安寺、灵光寺、三山庵、大悲寺、龙泉庵、香界寺、宝珠洞、证果寺。
2 危,高耸之意。李白"危楼高百尺,手可摘星辰。"
3 十二景,分别为绝顶远眺、春山杏林、翠峰云断、庐师夕照、烟雨鹃声、雨后山洪、水谷流泉、高林晓日、五桥夜月、深秋红叶、虎峰叠翠、层峦晴雪。

立春感怀[1]

万物自今启醒甦，
柔风解冻百虫蠕。
天际和煦暖意来，
地端氤氲绿装出。
人间已无全应时，
灵界犹可执柄枢。
但得东君任垂怜，
飞红舞绿漫江湖。

2024年2月4日

注：
1. 立春，万物开始有复苏的迹象。立春三候：一候东风解冻，是说东风送暖，大地开始解冻；二候蛰虫始振，即蛰居的虫类慢慢在洞中苏醒，开始蠕动；三候鱼陟负冰，是说河里的冰开始融化，鱼开始到水面上游动，此时水面上还有没完全融解的碎冰片，如同被鱼负着一般浮在水面。

老北京搓澡

身体痒觉积肤垢,
慕名清华池水秀。[1]
卅度热汤氽进去,
一干众人无美丑。
待到泡得汗液发,
躺在床上除毒臭。
一百零八绝招出,
卅五工龄搓澡手。
从头至脚顺溜下,
噼里啪啦劲头匀。
抑扬顿挫锣鼓调,
徐疾手稳打节奏。
舒爽自是不用言,
更奇妙在去忧愁。
翻来覆去搓且拍,
轻松满怀喜乐透。
百年老店名不虚,
既洁躯体益增寿。
平常一样沐浴事,
传统技艺乃高丘。

2024年2月5日

注：
1 清华池，位于北京市西城区虎坊路四号，是一个历史悠久的澡堂，始建于1905年，在北京市乃至全国都享有盛誉，以其独特的搓澡服务著称。其采用的是北派技法，讲究手把稳、劲头匀，有108式之说，为顾客提供舒适的体验。

欣闻外孙围棋五级升四级过关有感

老聂道场名声远,
一众孩童仰高山。
世间难分高下人,
棋盘却有胜负胆。
外孙懵懂入此局,
黑白世界嬉戏间。
兴至输赢投真情,
气衰动静弃尘烟。
此弈确是启慧物,
手谈屏落增智丹。
月余时光匆匆过,
五级四级连连战。
一个小时又一刻,
考官宣布已过关。
仍有答错几试题,
贪快粗心留遗憾。
玄素一道惟静思,
应对入微妙可言。
终究推枰默虑功,
算度精当真少年。

2024 年 2 月 5 日

注：
1 聂卫平围棋道场刘家窑校区，名气很大，在这里走出了许多围棋国手，如柯洁等。外孙报了班，接受围棋的训练，且日渐喜欢这项智力运动。

立春在旧年

春入旧岁说暖寒，
节缺起始无长短。
人度日月自然态，[1]
时循常道莫逆天。

2024 年 2 月 9 日

注：
1. 2024 年的立春比较特殊，处在旧年的岁尾，相当于 2023 年有两个立春节气，对应的 2024 年农历年就没有立春节气了，似乎缺了起始。这样的年份在民间被认为不吉利，所以说，"人度日月自然态"，它只是历法推演的一种结果，也是"常道"，不存在好坏和吉利不吉利。

除夕感怀

春入旧岁福并年，
柳舞和风醒元天。[1]
新桃进位陈符休，
万千气象悦心眼。

2024年2月9日

春怀

大明吐曦化余寒，[2]
风润六合茵无边。[3]
最是万树绽新蕊，
桃红柳绿闹人间。

2024年2月11日

注：
1 元天，意为苍天。
2 大明，指太阳。曦，指阳光。
3 六合，指天地。

公园即景

柳梢绿意日渐盛,
道旁残雪蒙土尘。
游禽枝头鸣声欢,[1]
寻得伴侣急跃腾。

2024 年 2 月 12 日

公园偶得

东风催柳青,
赤盖融湖凌。[2]
啾啾鸟声里,
踽踽老翁行。

2024 年 2 月 12 日

注:
1 游禽,指擅长游泳和潜水的鸟类,具有较强的飞行能力,通常在水上生活。
2 赤盖,比喻太阳。

情人节遐思

盘古开天地，
女娲炼色石。
情为何等物？
直教世间痴。
爱从性中生，
守弃皆由此。
相恋不共屋，
同床梦各异。
或曰山海誓，
脆弱却如纸。
千秋颂比翼，
临难飞各自。
万古说贵贱，
莫若长相厮！
索性随缘分，
横竖由它去。

2024年2月14日

龙潭二题[1]

一

一园一池水,
三池相与语。
此处有龙潭,
留连不肯去。

二

高柳荫步道,
夭桃灿湖岸。
龙潭似画图,
最是看不厌。

2024 年 2 月 15 日

注:
1 龙潭,指龙潭湖公园,由三个园组成,分别是龙潭湖公园、龙潭西湖公园和龙潭中湖公园。这三个部分共同构成了龙潭湖的完整景观,每个部分都有其特色和独特的魅力。

甲辰人日二题[1]

一

今年人日寓京华,
无限感念追天涯。
遥忆父母怜爱时,
泪眼婆娑心墙塌。

二

又到一年经人日,
兵燹频仍难安逸。[2]
女娲如若有灵知,
可曾梦中生悔意?

2024 年 2 月 16 日

注:
1 人日,又称"人胜""人庆"等,指每年的正月初七,传说这一天是女娲造人的日子,因此被认为是人类的生日。
2 兵燹,战争造成的焚烧破坏等灾害。

京城雪

彻天琼花风中摇,
京华满目白玉雕。
淑气应将百花绽,[1]
误招乾雨人间潦。[2]

2024年2月20日

京华逢上元

雪后万里天衬蓝,
日昳千条柳染绿。[3]
兴至踏青龙潭西,
自在鸣禽树间啼。[4]

2024年2月24日

注:
1 淑气,指温和之气。
2 乾雨,指雪。唐李咸用《大雪歌》:"同云惨惨如天怒,寒龙振鬣飞乾雨"。潦,lǎo,此处是说雪太大,积雪成"涝"。
3 日昳,下午1点至3点,太阳过了中天,偏斜向西边。
4 鸣禽,指善于鸣叫的鸟类,多由雀形目鸟类组成,如伯劳、画眉、黄鹂、百灵等。

上元感怀[1]

天地弥敦日清明，[2]
骀荡春光满帝京。
雪霁上元沐暄风，[3]
素月共影万里晴。[4]

2024年2月25日

京城见大也兄[5]

初识张君逾廿年，
意气方遒白虎山。[6]
今日相见京城东，
华发苍容尽欢言。

2024年3月3日

注：
1 上元，指正月十五，元宵节。
2 弥，更；敦，笃实。弥敦，意思是天地一天天更加清爽、明丽。
3 暄风，暖风，春风。陶潜《九日闲居》："露凄暄风息，气澈天象明。"
4 素月，皎洁的月亮。清周亮工《华林寺》："欲建小亭延素月，频移曲几就青山。"
5 大也，张大也，兰州大学原副校长，与吾共事数年。
6 白虎山，位于甘肃省兰州市榆中县境内。兰州大学榆中校区建成后，改名为萃英山。

惊蛰

平旦清雨沥京城,[1]
百虫初醒草木萌。
欲得坤后锦绣样,[2]
阳风伴雷贯长空。[3]

2024 年 3 月 5 日

注:
1. 平旦,寅时,是每天清晨的 3 时至 5 时,又称黎明、早晨、日旦等,是夜与昼的交替之际。
2. 坤后,指大地。
3. 阳风,在汉语中,可以指东风或南风。例如,三国时期曹植的《感节赋》中提到"阳风",指的是东风。此外,现代汉语中也将阳风解释为东风或南风。

春龙节有感[1]

黄昏角宿东方浮,[2]
苍龙抬头天地舒。
杏腮桃颊氤春色,
杨枝柳条摇新图。

2024年3月10日

注:

1 春龙节,农历二月初二,又称春耕节、农事节、青龙节,又叫"龙抬头"。
2 角宿,古人根据日月星辰的运行轨迹和位置,把黄道附近的星象划分为二十八组,俗称"二十八宿"。二十八宿按照东南西北划分为四大组,产生"四象"。在东方的7个宿分别叫作:"角、亢、氐、房、心、尾、箕",七宿组成一个完整的龙形星象,人们称之为"东方苍龙"。角宿代表龙角(头)。

成都院子 [1]

成都院子深巷藏，
静谧时尚不张扬。
川居川俗赏川剧，
蜀乡蜀味品蜀香。

2024年3月11日

注：
1 成都院子，位于成都文殊院，是一家集餐饮、住宿、休闲、文化娱乐为一体的庭院式酒店。它原本是一家高档的成都会馆，前期因其神秘性而闻名。

谒成都文殊院[1]

蛰后旋走锦官城,[2]
乳霭轻笼盈春深。
菩提沐泽千秋雨,
阁堂栉迎百代风。
文殊八观佛界名,
空林二圣禅道魂。
香火缭绕和平塔,
精舍妙音天下闻。

2024年3月11日

注:
1 成都文殊院,又名空林堂,位于四川省成都市青羊区文殊院街66号,始建于隋大业年间(605—618年),康熙三十六年(1697年)集资重建庙宇,改称文殊院。文殊院是集禅林圣迹、园林古建、朝拜观光、宗教修学于一体的佛教圣地,是成都市内保存最完整的佛教寺庙,建筑为典型川西平原古建风格,主要为木构建筑。
2 "蛰后旋走",惊蛰后急速地去又返回。锦官城,成都市的别称。

三坊七巷印象 [1]

万里海天一榕城,[2]
三坊七巷居其中。
流连眼观心犹醉,
名士俊杰日月同。[3]

2024 年 3 月 23 日

注:
1. 三坊七巷,坐落于福建省福州市鼓楼区南后街,是从南后街两旁从北至南依次排列的坊巷总称。三坊七巷自晋代发轫,于唐五代形成,到明清鼎盛,如今古老坊巷风貌基本得以传续。三坊指衣锦坊、文儒坊和光禄坊;七巷指杨桥巷、郎官巷、安民巷、黄巷、吉庇巷、宫巷和塔巷。
2. 榕城,福州的别称。
3. 名士俊杰,三坊七巷曾经是福州文人墨客的聚居地,也是从古代到近代中国名人的故居和祖居地,具有丰富而深厚的历史文化底蕴。林则徐、沈葆桢、严复、林觉民、冰心、林徽因、萨镇冰、林纾等或出生于此,或曾居住于此。

三坊七巷水榭戏台[1]

长袖婀娜传妙音，
聚顶绕梁漫天庭。
风光已去留苍颜，
而今何处觅文魁？

2024 年 3 月 23 日

三坊七巷感怀

江声海涛响闽都，[2]
南后街里长短路。[3]
文脉绵亘积犹厚，[4]
俊贤辈出翔且翯。[5]

2024 年 3 月 24 日

注：

1. 水榭戏台，坐落于三坊七巷衣锦坊 4 号，是全国重点文物保护单位，是福州地区现存的唯一民居水上戏台。其以鲜明的地方特色、别具意韵的建筑风格，在福州民居建筑中占有极为重要的地位。
2. 闽都，福州的古称。
3. 长短路，指那些分布在南后街上的坊和巷。
4. 文脉，指经年累月所形成的深厚的文化传承。
5. 俊贤，指那些从这里走出去的名人；翯，高飞。

夜行曲江池

幽天春来晚,[1]
夜行曲江畔。
池映霓虹波,
柳泛绿光乱。
步道人影众,
湖岸灯火幻。
遥忆开元时,[2]
哪有此世欢!

2024年3月28日

注:
1 幽天,八方之一,特指西北方。
2 开元,是唐玄宗李隆基的年号,指公元713年12月至741年12月,史称"开元盛世"。

春怀

草木葳蕤日气暖,
花色次第迷人眼。
坤舆浑然万千景,
清明秀出三月天。

2024 年 4 月 8 日

无题

关天寥廓渭水漾,
满眼葱郁绿无疆。
忽然一片白如玉,
三月槐花扑鼻香。

2024 年 4 月 15 日

叹花

夜来风狂雨亦疾,
牡丹园中花难觅。
昨日雄红直不见,
一地落英成新泥。

2024 年 4 月 16 日

谷雨日

清明节后楝华风,
时晴时雨春消中。
河山眼里尽蓊郁,
茶香伴着草香浓。

2024 年 4 月 19 日

阶州感怀

阴晴不定立夏前,
景色怡人四月天。
信步隍庙街头过,
举首西门城楼看。
陇头殊景失不再,
蜀尾风情稀难见。
稻田长出楼万幢,
龙江不舍奔腾欢。

2024 年 5 月 1 日

柏林镇渠道村寻旧 [1]

别梦依稀圆年前，[2]
驱车寻迹旧事唤。
是时母亲做小教，
父亲乡上有公干。
学校设在一庙宇，
四围平房古柏伴。
儿时学堂已无踪，
唯见断垣斜阳衔。
劲枝侧柏凌风霜，
七百岁月显不凡。
当年房东迁新居，
院中花木秀粲然。
忆及父母当年事，
情意满满心头暖。
爷爷婆婆平凡人，[3]
同为张姓亲情牵。[4]
孙辈称母为姑姑，
我辈皆以兄妹见。
栉风沐雨几十载，
隔山远水常思念。
今日见我寻门上，
埋锅烧柴家常饭。

话语不多心相惜,
无限深谊观苍颜。
临行执手殷嘱多,
自产菜蔬袋中填。
切切告诫下一代,
老辈恩义要承传。
君不见人生逆旅皆过客,
唯有善良得永远。

2024 年 5 月 1 日

注:
1 柏林镇,是甘肃省陇南市武都区下辖的一个乡镇。
2 圆年,六十年。
3 婆婆,武都把奶奶叫婆婆。
4 我母亲当时在渠道小学做教师,她姓张,房东家亦姓张,房东爷爷婆婆视我母亲为女儿,其孙辈叫我母亲姑姑(武都叫达达)。其时我们家住在房东家的两间上房。

阶州逢立夏

雨后复晴忽增暖，
满城芳樟荫蔽天。
金黄枇杷街头亮，
嫣红樱桃滴溜圆。

2024 年 5 月 5 日

寻访透防小学 1

街道依稀思旧颜，
门前清溪浑不见。
楼起巍然遮奇峰，
古柏虬枝凌苍天。

2024 年 5 月 6 日

注：
1 透防小学，是甘肃省陇南市武都区外纳镇一个村的小学，当年我母亲曾在这里做教师。

兰州行

挥手金城十有四,
今日归来恍隔世。
地上楼耸高千丈,
道中车流走万鲫。
大河水吟入心扉,
牛肉面香漫口齿。
最是炎夏兰州好,
行脚天涯长相思。

2024 年 5 月 16 日

沙尘天气

前日敦煌今金城,
沙暴千里变浮尘。
初夏季节兑域地,
时有黄雾愁煞人。

2024 年 5 月 16 日

西乡行[1]

飞凤山青绽翠微,
牧马河秀烟云平。
西乡侯封西乡传,
午子茶香午子名。
两棵柳树荫子孙,
一座书院寄愫情。[2]
隆基襄助千秋业,
铸就文脉万世鼎。

2024年5月17日

注:

1 西乡县,隶属于陕西省汉中市,位于汉中东部。西乡县名始于晋太康二年(281年),因张飞在此地被封为西乡侯,由南乡县改名为西乡县。西乡气候温和,地跨汉江、嘉陵江两个流域。西乡物产丰富,中药材、茶叶资源品类多,质量好。人文、自然景观厚重、独特。

2 兰州大学原校长江隆基是西乡县柳树镇人,2024年5月18日,西乡县在柳树镇建了"隆基书院",纪念这位著名的革命家、教育家。

夜游西乡廊桥

天幕沉沉黯青色,
信步廊道熏风热。
牧马河畔灯耀天,
情侣桥上悠然乐。

2024 年 5 月 17 日

樱桃沟[1]

夜色撩人樱桃沟,
牧马河畔灯火稠。
苍昊难觅繁星影,
化作流光西乡游。

2024 年 5 月 18 日

注:
1 樱桃沟,位于西乡县城以北 1 公里处,是集休闲度假、农业生态观光为一体的国家级农业旅游示范点、西北最大的樱桃种植基地。

同学夜宴 [1]

游子四月回故乡,
香满楼上喜盈堂。
觥筹交错喧声欢,
杯盘狼藉口齿爽。
家常菜里寻滋味,
般若汤中品琼浆。
陈兄真个场面控,[2]
妙语豪情高万丈。

2024 年 5 月 19 日

注:
1 2024 年 5 月 18 日,旅居日本的曾相忠、马企平同学伉俪回兰州省亲,与同学见面。
2 陈兄,指同学陈秉宇,为人热情豪爽,餐聚时善于调节气氛,烘托场面。

牛肉面

翻腾满镬汤,
拉面氽入水。
一碗红油浮,
半把蒜苗翠。
吸溜齿舌香,
吞咽胃囊汇。
金城此美食,
果腹又至味。

2024 年 5 月 21 日

永泰古城

戈壁苍茫断祁连,
永泰古城四百年。
风餐露宿金龟卧,
栉风沐雨土墙残。
长河落日衔远山,
大漠孤烟旋近滩。
卫霍老虎城防固,
钟琪甘露池水满。
零落壁垣写沧桑,
齐整庠序尚温婉。
敌台楼头曾记否:
先贤智慧掘清泉。
月夜鸣雁数南渡,
春朝信华四月天。
荒草萋萋漫黄沙,
驼队蹒跚走天边。
君不见岁月无所从来去,
遥望昆仑万重关。

2024 年 5 月 22 日

注:
1 永泰古城,位于甘肃省白银市景泰县寺滩乡永泰村,又名龟城,是一座明清时期驻军防务的大型土筑古城。此城被称为中国古代军事要塞教科书式的典范之作,已有四百多年的历史,是全国重点文物保护单位。
汉武帝时期,卫青、霍去病收复河西后曾在此地建城池屯兵设防,名曰老虎城,是古丝绸之路要隘。位于古城内中心区的永泰小学,是全国已知保留完好的民国时期的三所小学之一,是中国近代初级教育的重要见证。

徐躬耦先生学术思想研讨会感怀 [1]

金城适意四月中,
追念校长萃英门。
先贤德如昆山玉,
前辈学似江河深。
报国敢临兑域寒,
树人何惧身心损。
师魂依然萦上庠,
一片丹心照斯文。

2024 年 5 月 25 日

注:
1 徐躬耦先生,是兰州大学近现代物理系的创始人之一,也是我留校工作时的校长,是一位热爱祖国、忠诚人民教育事业的著名科学家、教育家。

中文七七甲辰兰州聚会写照

依稀当年西北望,
却看今时忆沧桑。
四载同窗成管鲍,
百般思绪印玄黄。
天各一方寄寸心,
久别重逢诉衷肠。
人生逆旅须放胆,
何妨聊发少年狂!

2024年5月31日

京城逢端阳

五月五日午时开,
香粽香包秀异彩。
云水万里熏风漫,
百户千门挂冰台。

2024 年 6 月 10 日

龙潭西湖仲夏傍晚

垂柳轻飘起微凉,
夕曛临湖泛霞光。
渐见灯明映碧海,
更有泽芝绽细香。[1]

2024 年 6 月 17 日

注:
1 泽芝,荷花的别称。

当我们……

当我们在叹息往日的时候,
春天却像小溪流一样悄悄地流。
她流着嫩黄的希冀,
她流着清爽的歌喉;
也流着复苏和钟情啊,
向着青春和火热誓不回头!

当我们在叹息往日的时候,
夏日却像威武的黄河一样奔流。
她流着不可遏止的气势,
她流着曲折的大九;
也流着丰收的期盼啊,
烘托出一个令人心醉的金秋。

当我们叹息往日的时候,
秋天却像浩瀚的大海一样涌流。
她流着丰满的姿态,
她流着成熟的不朽;
也流着对炎夏的记忆啊,
那激动和炽热的富有。

当我们叹息往日的时候,
冬日已像南极冰山般缓缓地流。
她流着温暖的向往,

她流着沉稳的骚动；
也流着春神秀艳的面庞啊，
拥抱般伸开了洁白的双手。

终究，一切都会过去，
毕竟，世间还有苦愁。
但这轮回着的四季，
不能把叹息带走？
这充满生机的世界，
难道为了怨忧而造就？！

1990年3月25日

校园歌曲 [1]

向往丝路驼铃的叮当，
领略金城壮美的风光。
我们为中华勤奋学习，
我们在兰大茁壮成长。

杨柳依依春风度，
我们在绿色中树起理想。

向往祁连冰雪的山冈，
领略瀚海雄奇的景象。
我们为祖国求实进取，
我们在西北播下希望。

杨柳依依春风度，
我们在绿色中树起理想。

1986年6月5日

注：
1 当年兰州大学征集校园歌曲，吾之此首入选。

山之歌
——国庆抒怀

一见如故。
不管我走到哪里,
都有她踏实的身影相随——
那么伟岸、脱俗!

却又常见常新。
高的,低的;黄的,绿的……
是那样的令人心醉——
处处展示着富有弹性的肌肤。

把岁月的无情和有情,
刻在自己的躯体上。
是那样的充满自信,
是那样的虚怀若谷。

沟沟壑壑,
是她开朗的性格;
峰峰岭岭,
表现峭拔的成熟。

有的是豪情满怀,
少的是忧伤孤独;
风雨如晦,挺起铮铮铁骨,
立地顶天,赖以其间柱!

1991年9月20日

风

——写在毛泽东一百周年诞辰之际

一丝丝拂过去的,
是海洋匀称的呼吸;
一阵阵涌过去的,
是大地冲天的豪气。

毛泽东,
一袭永恒的风,
天地万物的一个历史性惊喜!

他是四季风:
有春的和煦,
有夏的迅疾,
有秋的厚实,
有冬的凌厉。

他是世纪风:
沉淀着历史,
荡涤着尘埃,
激扬着旗帜,
散发着俊逸。

他是时代风:
吹亮了晨曦,
吹醒了朦胧,

吹绿了土地,
吹动了变易。

时光荏苒,
白驹过隙,
我们捧着缕缕清风,
追寻着伟人的记忆。

清风行进在广袤无垠的原野里,
扶起了轰鸣着的厂房,
掠起那稻谷清香四溢;

噢!
这里边有勤劳诚实,
和农民祖祖辈辈的希冀。

清风行进在城乡多彩的生活里,
培育了五光十色的艳丽,
绽开了千百万人由衷的笑意;

噢!
这里边有普通真理,
和党与人民的相辅相依。
毛泽东,

民族之风,人民之子,
他用自己的忠诚,
举起了一个民族的过去;
他用自己的坚毅,
挺直了亿万人民的腰脊。
人民的风,
绵绵亘亘,一望无际;
民族的风,
汇成洪流,浩荡不息。

毛泽东,
一袭永恒的风。

1993年12月7日

雨

——献给党的生日

是铺天盖地的震颤，
是依依难舍的眷恋，
是滋润万物的温柔，
是赐予丰实的喜欢。

在震颤中孕育了沧海桑田，
在震颤中呼吸了清新甘甜；
在震颤中绽开了红蕾万枝，
在震颤中睁开了繁星点点。

眷恋着格拉丹东的恬静雪原，
眷恋着八百里秦川麦浪滚翻，
眷恋着大兴安岭绿海深远，
眷恋着珠江水口渔帆片片……

那温柔有乌金闪烁，
那温柔升起缕缕炊烟；
那温柔溶进羊八井的输电线，
那温柔像特区的大楼立地顶天。

喜欢现代生活快捷的呐喊，
喜欢炎黄子孙"叶落归根"的笑脸，
喜欢女排胜利的泪光飞旋，
喜欢塔里木钻机把荒凉驱赶。

啊！雨，

你是霹雳雨，

如柱如鞭，

洗刷旧世界的尘埃，

敲出新时代纪元。

你是及时雨，

如丝如绵，

使千座童山苍翠欲滴，

使万顷荒原谷香弥漫。

你是七彩雨，

如金如彩，

把世间美景尽情渲染，

把绝妙人生着意装点。

你是胜利雨，

如诗如歌，

登高远望风光无限，

和着节奏催马向前！

1991年7月1日

雨中的巴塞罗那

留在记忆中的巴塞罗那,
是那届夏季奥运会:
在明丽的阳光下
激情与胜利,
就像海水与火焰,
动荡着,
燃烧着,
把每个人撩拨得:
脸颊绯红,
心潮汹涌。

今日给我们的,
却是雨中的她:
蒙蒙沌沌
迷迷离离
伴着稍显冷峻的风,
打湿了镜头
打湿了头发
打湿了心境……
你的古老,
印在高迪永远建不完的教堂上,
印在山顶的炮台和城堡中;
你的年轻,
却从那整齐的街道,

延伸到海边的桅杆、集装箱
和工地转动的吊臂上。

我们匆匆走过，
用眼睛拂去阿苏格拉纳的水雾；
我们细细咀嚼，
用心神体悟雨中的巴塞罗那……

2009年3月18日

雨中遐思 1

天边，有阵阵雷声滚过，
放眼处，是浓浓的雾霭；
雨滴摔在地上，
　溅起水花朵朵。
绿叶深处，
可有那小鸟栖息的窝？

窗前树上开着的花，
像倒置的冰激凌棒，
　一簇簇，一撺撺……
是生命的活力，
释放出冷艳的火！
火燃火熄，
那是时空中行走的痕迹，
　充满了纠葛。
生命之火，
星星点点，阴阳撩拨；
生命之火，
绵绵亘亘，天地所托。
充斥着无限的张力，
更有那太多的无可奈何！
死了还是活着？
哈姆雷特之问如惊雷响彻；
生死亦大矣，

兰亭雅集时中国古代贤士名状莫可。
风雨雷电，
为生命的成熟砥砺棒喝；
沙尘雾霾，
在生命的每一个节点出没。

热烈，冷峻；
坚强，懦弱，
生命的几何，
色彩斑斓，点线交错。
踩过泥泞，
蹚过浑浊，
行路难，天地间；
风雨中，有脚辙。

心中的混沌虽只片刻，
脚下的通途便会被涂抹；
心中的希望火种不灭，
脚下的路会很多很多…………

2019年5月25日于京华友谊宾馆

注：
1 这是一首在令人伤心的情境下写的诗……

后记

《兴至集》终于问世了,说句实话,心中欣慰与忐忑交替运行:欣慰的是这方面的努力有了结果,甚至、居然集了近400首诗;忐忑的是质量如何底气不足,能否经得起岁月的检验心中无数。但不管怎样,坚守着的努力有了一个阶段性成效,"兴之所至,集句成诗"从心头念变成了油墨香。

在一个纷繁复杂、物欲横流的现实环境中,心的宁静很难,心田里留一方清新的平常更是难上加难。人进入老年,渴望平静、愉静甚至虚静的心境日渐浓厚,一句话,就是想过一种静适的生活。读读书,特别是阅读那些过去想读但囿于种种原因未能读的书,提高自己的学术素养和文化功力,增强对人生行程的理解和对生命形态的感知;写写字,尤其是去仔细地临习千年积淀下来的那些名帖墨宝,提高自己的书法技艺和对书法文化的感悟。当年在大学读书时,自己对诗歌尤其是对那些历代流传下来的有韵之文有一种特殊的喜欢,古风、民

谣、古体、近体、律诗、绝句，四言、五言、七言、长短句，等等，无不令人陶然醉之。诗歌的音韵、节奏、意境，简约、凝练、格调，每每让人沉湎其中，心驰神往，妙不可言。

文化人静适的生活需要一个结构，阅读、挥翰、作诗无疑是最好的组合。而作诗，则是检验阅读成效与生活节奏融合感悟的"绩效点"。因为"诗不可无为而作"（清·薛雪：《一瓢诗话》）、心之精微，发而为文；文之神妙，咏而为诗"（唐·刘禹锡：《唐故尚书主客员外郎卢公集记》）"，于是这些年就利用各种机会、抓住各个场景，把工作生活中经常看到的山光与水色、遇到的景致与人事、听到的趣闻与妙谈、想到的先贤与典故，观之于眼，兴之于心，思之于脑，记之于屏。或偶遇而灵感涌，或着意而佳句出；或触类旁通，或念此现彼；或异地同感，或同域异思；或句拙而意幽，或词陈而境新。觅得满意句，汇为可心诗，天长日久，在持续的学习和变化中，从青涩到圆熟，居然就有了这个集子。

中国是一个诗歌文化极为繁荣的国度，漫长文学历程中诗人灿若繁星，诗派百舸争流，诗歌的历史伴随着文化的发展，文明的积累，丰富而璀璨。"诗，可以兴，可以观，可以群，可以怨"（春秋·孔子：《论语·阳货》），在一定的意义上，在"即事生情，即语绘状"（明·王夫之：《古诗评选》卷四）的悟觉里，诗歌可以多向度地对自己的情感做出反应。喜悦、愤懑、忧伤、欢欣、思虑、纠结等等情绪,都可以在诗歌的写作中得到纾解,得到缓释,得到化融,进而使自己的境界有了升华,心灵获得滋养。兴之所至,乐在其中,妙在其里,悟在其心。随着所作的诗越来越多,对诗的喜欢就越来越深,理解就越来越轻松,更加体会到"不求好句,只求好意,意好句亦好"(宋·欧阳修:《吊僧诗》)的微言大义。更加明白"风雅体变而兴同,古今调殊而理异"(唐·刘禹锡:《董氏武陵集纪》)、"文章随世作低昂,变尽风骚到晚唐"(宋·戴复古:《昭武太守王子文日举李贾严羽共观前辈一两家》)、"学诗者不可忽略古人,亦不可附会古人"(清·叶燮:《原诗·外篇下》)的历史价值与真真切切的现实意义。更加感觉到"夫诗,心声也,无古今一也。顾体由代异,才以人殊"(清·胡应麟:《诗薮》序)的精当与准确,在认知层面和实践环节上把握诗歌的时代节奏与丰富变化。"天籁自鸣天趣足,好诗不过近人情"(清·张问陶:《论诗十二绝句》)、"不是无端悲怨深,直将阅历写成吟"(清·龚自珍:《题红禅室诗尾》)、"文章自得方为贵,衣钵相传岂是真"(金·王若虚:《论诗诗》),遵规矩,守源流;不泥古,不拘律。在变化着的时代里写自己的所见、所闻、所感、所悟,写世态人情,写万千气象;写大境界,写小精妙;写山川湖海,写花鸟草木。"但写真情与实境,任他埋没与流传"(明·都穆:《学诗诗》),喜欢着,自得着,快乐着,既是人情,也是

阅历，更是生命的活色生香。在生活的洪流中感悟环境的变迁，体悟人性的细微，察悟诗歌的别样。

非常感谢薛保勤、胡安顺两位先生，拨冗审阅了拙集清样，写了高度专业而热情洋溢的序言，提携鼓励之情令人感念至极。自己深知，"草萤有耀终非火，荷露虽团岂是珠"（唐·白居易：《放言五首》），从作诗的角度看，诗集还显得粗糙和浅淡，离自己的追求和诗歌的境界还有不小的差距，需要不断地学习和借鉴，需要做出更多的努力和实践。"清泠之状与目谋，潜潜之声与耳谋，悠然而虚者与神谋，渊然而静者与心谋"（唐·柳宗元：《钴潭西小丘记》），目耳神心，多管齐下，多谋善思，不懈怠，不自恋，有新目标，求新突破，不辜负二位先生的抬爱与期许。

非常感谢我的同学李保军先生，作为曾经的出版工作者，他一直鼓励我出这个集子，他的思想高度和专业水平，给予我莫大的信心和勇气，诗集名也是在他的启发下诞生的。同时还要感谢我的同学高永中先生，他早期写过许多优秀的诗篇。每次我写了新诗，发给他审读时，他除了提出中肯的建议意见外，更多的是鼓励和激扬，令我信心益增，动力充盈。

非常感谢刘东风社长和邓微编辑，刘社长出版人的独特视角和对作者的关心帮助，令人油然而生敬佩之情；邓微编辑的专业素养与敬业精神，不厌其烦的工作态度，是诗集顺利进入出版流程和较好状态的重要保证。由衷地向出版人致敬!

　　非常感谢在我作诗和成集过程中给予我各种形式帮助的所有的人,他们中有我的亲人、朋友、同事,他们的修改意见、建议、提醒,都给予我努力前行的不竭动力。所有的鼓励、关心、帮助,似一股股暖流、清流,沁人心脾,滋养心田,并不时地拨动心弦,流淌成诗,使生命的诗韵鸣响不息,常在常新。

甘晖记于甲辰年大暑
2024 年 7 月 22 日

　　诗集正在编辑中,尚未付梓,惊闻薛保勤先生于 2024 年 10 月 24 日病逝,伤感万分。天妒英才,时不假年,惜哉痛哉!惟盼诗集早日出版,以慰保勤兄在天之灵。口占一首,寄托哀思:

《悼保勤》
保勤驭鹤凌虚天,
诗篇如叶飘长安。
序言字字珠玑在,
斯人已隔阴阳山。

2024 年 10 月 30 日又及

图书代号：WX17N1115

图书在版编目（CIP）数据

读宋诗随笔 / 程千帆著. —西安：陕西师范大学出版总社有限公司，2018.1（2020.2重印）
ISBN 978-7-5613-9599-8

Ⅰ.①读… Ⅱ.①程… Ⅲ.①宋诗—诗歌欣赏 Ⅳ.①I207.22

中国版本图书馆CIP数据核字（2017）第258158号

读宋诗随笔
DU SONGSHI SUIBI

程千帆 著

责任编辑	焦 凌 张 姣
责任校对	谢勇蝶
封面设计	后声文化
出版发行	陕西师范大学出版总社
	（西安市长安南路199号 邮编710062）
网　　址	http://www.snupg.com
印　　刷	陕西龙山海天艺术印务有限公司
开　　本	880mm×1230mm　1/32
印　　张	9.25
插　　页	4
字　　数	154千
版　　次	2018年1月第1版
印　　次	2020年2月第2次印刷
书　　号	ISBN 978-7-5613-9599-8
定　　价	39.80元

读者购书、书店添货或发现印装问题，请与本公司营销部联系、调换。
电话：(029)85307864　85303629　　传真：(029)85303879

读宋诗随笔

程千帆 著

陕西师范大学出版总社